LA GOMME

FÉLICIEN CHAMPSAUR

ILLUSTRATIONS
de
CARAN D'ACHE, JULES CHÉRET
HENRY GERBAULT, AUG.-F. GORGUET, LUNEL
MARS, LOUIS MORIN, JOSÉ ROY
FÉLICIEN ROPS, etc.

—

MUSIQUE DE MASSENET & SERPETTE

DENTU, ÉDITEUR. — PARIS, 3, place de Valois.

LA GOMME

Pièce en 3 actes

LA GOMME
PAR
FÉLICIEN CHAMPSAUR

LA GOMME
PAR
FÉLICIEN CHAMPSAUR
DENTU, Éditeur

ILLUSTRATIONS

de

MM. Caran d'Ache, Jules Chéret
Henry Gerbault, Aug. F. Gorguet, Lunel
Mars, Louis Morin, José Roy
Félicien Rops, etc.

MUSIQUE

COMPLAINTE TZIGANE

Par M. Jules Massenet

Publiée à part, chez M. Hartmann, éditeur de musique
26, rue Daunou, Paris.

LE P'TIT CADEAU

Par M. Gaston Serpette

E. DENTU, ÉDITEUR

Paris, 3, Place de Valois, Palais-Royal

1889

PERSONNAGES

Duc de Trésel

Jacques Rhodel

Prince Alexis Oderoff

Michel de Béraud

Marquis
de Mauvieuse

Comte René de Mauvieuse

Blaise Verdet

La Polaciève

Pierre Gonlard

Savinel

Schavyl

Montagnol

Lautrec

Mᵐᵉ Boucher

Michel

Thérèse Raïa

Lyonnette Myria,

en chérubin

Blanche Aubert, en Suzanne

Alice
Penthièvre

Louise
Trémouille

MARS

Germaine
de
Rosay

H. Gerbault

PERSONNAGES

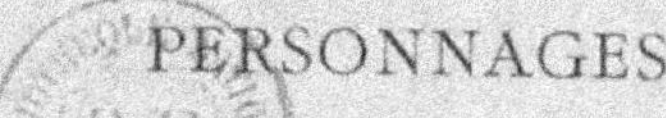

DUC DE TRÉSEL, 27 ans.

JACQUES RHODEL, compositeur applaudi; même âge.

PRINCE ALEXIS ODEROFF, approchant de la quarantaine.

MICHEL DE BÉRAUD, lanceur, 40 ans.

COMTE RENÉ DE MAUVIEUSE, jeune gommeux.

MARQUIS DE MAUVIEUSE, son père.

BLAISE VERDET, peintre impressionniste.

LA FOLATIÈRE } autres gommeux.
PIERRE GONTARD }

SAVINEL, banquier, 45 ans.

SCHAVYL, journaliste, 26 ans.

MONTAGNOL, critique théâtral, 50 ans.

LAUTREC, comédien, — en « Figaro », au 2ᵉ acte.

MICHEL, hongrois, domestique de Mᵐᵉ Boucher, puis du duc.

THÉRÈSE RAÏA.

M⁰ᵉ BOUCHER, (à Vienne, Mᵐᵉ Bouchmann), tante
de Thérèse.

LYONNETTE MYRIA, actrice, — au 2ᵉ acte, en
« Chérubin ».

BLANCHE AUBERT, comédienne, — au 2ᵉ acte, en
« Suzanne ».

ALICE PENTHIÈVRE.

LOUISE TRÉMOUILLE.

GERMAINE DE ROSAY.

PREMIER ACTE

Le Thé de la Débutante

Un salon chez Mme Boucher. Aspect cossu d'abord, pauvre ensuite. Five o'clock tea. Fin de jour, les lampes pas encore allumées. Petits bibelots. Palmiers, meubles sans style, arrangés avec des étoffes artistement jetées dessus. Des fleurs çà et là. Une ombrelle japonaise, dans un coin, au plafond. Luxe bon marché où paraît une grâce, une coquetterie de femme.

SCÈNE PREMIÈRE

MICHEL, Mme BOUCHER.

Mme BOUCHER. Elle a un air de femme du monde qui n'en est plus. Elle a un peu d'accent viennois Elle entre par le fond tandis que Michel s'occupe à des préparatifs de table, arrange des gâteaux, des flacons, des tasses pour le thé.

Michel!

MICHEL

Madame!

Mme BOUCHER. Elle pose sur la table un petit paquet
et en tire des friandises qu'elle dresse sur des
assiettes.

Tout est prêt pour le thé?

MICHEL

Oui, madame.

Mme BOUCHER

Vous êtes allé, n'est-ce pas, où
je vous avais tit, place du Havre?...
(Michel est embarrassé.) Vous avez rapporté
ce que j'ai gommandé?

MICHEL, cessant sa besogne et se rapprochant de
Mme Boucher.

Oui, j'y suis allé comme Madame
m'avait dit... Mais je n'ai rien rapporté du tout.

Mme BOUCHER, dans une surprise digne.

Gomment?

MICHEL, vaguement ironique.

Ou plutôt j'ai rapporté ce qu'on

m'a chargé de remettre à Madame.
(Il tend un papier qu'elle déplie et parcourt.)

Mme BOUCHER, noblement révoltée.

La note!... On vous a tonné la
note!

MICHEL

En ajoutant qu'on arrêtait là le
crédit de Madame.

Mme BOUCHER, très fière.

C'est pien. (A Michel qui se dirige vers la
porte dans l'attitude ennuyée d'un homme qui craint
une scène.) Je vous défends, à l'avenir,
vous m'entendez pien, Michel, de
retourner chez ces gens... Je vous
le défends, vous m'entendez... Je
vous en intiquerai d'autres.

SCÈNE II

Mme BOUCHER, seule ; elle regarde autour
d'elle d'un air maussade.

Quelle maison!... C'est ainsi
chaque jour : des fournisseurs qui se

térobent, des notes à payer qu'on ne
paie pas ; des amis inutiles, car ma
nièce n'en tistingue aucun. Et Thérèse va, vient, sans se touter que c'est
sur moi que l'on cogne et que les
créanciers se lassent d'attendre ses
succès... Elle vit avec son espérance.
Mais son tébut, remis de semaine en
semaine, les inquiète... Cependant ici,
on boit, on mange, on vient foir ma
nièce, le futur jouet de Paris, et l'on
sort. Cela parce qu'un chournaliste
s'est offert un article à sensauon sur
mademoiselle Thérèse Raïa et a célébré ses beaux yeux étranges, sa chevelure fantasque, son talent original,
son presque génie — comme il l'a écrit
— cette pelle fille tzigane qui, après
avoir dompté des chevaux dans son
pays, est venue, à Paris, dompter des
hommes. Et c'est le comte de Béraud,
un ami, celui-là, car il s'occupe de ma
nièce et aujourd'hui il doit lui amener
le tuc de Trézel, le marquis de Mauvieuse et son fils. C'est monsieur Gon-

tard, un beu trop marseillais, mais
riche... le fils du grand marchand de
safon : puis monsieur Schavyl, (avec
dédain) encore un chournaliste ! (Se reprenant.) C'est utile... Enfin, à part ce ter-
nier et guelques autres, il y a du choix.
Mais non, mademoiselle demeure
indifférente et rêve. Et le temps
s'écoule et l'archent s'en va... ah ! ma
nièce, nous nous prouillerons... (Elle
continue de ranger.) nous nous prouillerons.

SCÈNE III

Mᵐᵉ BOUCHER, THÉRÈSE, en toilette
de ville.

THÉRÈSE. Elle entre vivement et très gaie.

Bonjour, ma tante.

Mᵐᵉ BOUCHER, se retournant et froidement.

Bonjour, Thérèse.

THÉRÈSE, toute à sa joie et sans remarquer l'humeur
de Mᵐᵉ Boucher.

Grande nouvelle !... Devinez...

Mme BOUCHER, toujours revêche.

Les répus ne sont pas faits pour les vieilles gens.

THÉRÈSE, encore enjouée.

C'est fait, c'est convenu! Et cette fois c'est irrévocable, mes débuts sont fixés!

Mme BOUCHER, défiante.

Ah! Et quand?

THÉRÈSE, soudain attristée et rendue moins forte par le doute de sa tante, se dégante lentement.

Dans trois semaines; on répète demain.

Mme BOUCHER, intéressée.

Toujours cette pièce tirée du roman de Théophile Gautier?

THÉRÈSE, redevenue joyeuse, prenant une pose.

Oui, je fais mademoiselle de Maupin.

Mme BOUCHER, la détaillant, rapidement, du regard, avec complaisance, et fixant les jambes.

C'est pien ce rôle. Il y a un travesti... Franchement, ce n'est pas trop tôt, ma mignonne. (Elle l'embrasse. — Après cette câlinerie.) Écoute, Thérèse, il y a un an que je prépare, moi, cette victoire qui doit être la tienne. Depuis le jour où laissant ta vie excentrique et bohémienne, abandonnant ta « püsta » tu es fenue, il y a dix mois, me tentanter une hospitalité que je t'ai faite large... tepuis le jour où je t'ai recueillie au prix de mes faibles économies, j'ai mis en œuvre tout ce qui pouvait assurer ton avenir. Amis et relations, j'ai frappé à toutes les portes. Grâce à ma persévérance, aux leçons que je t'ai fait donner, tu as été remarquée, appréciée, engagée. Tu es même, aujourd'hui, une célébrité... une grande actrice inconnue... Mais cela ne suffit pas pour le succès définitif. As-tu réfléchi que le public reste étranger aux compinaisons de coulisses, aux intrigues, aux sympathies intimes... Travailles-tu ? Il faut gorricher ton accent et tes attitudes, parfois baroques, en un mot es-tu brête pour risquer les chances d'un tel tébut? (A Thérèse qui s'est assise, un peu gênée, mal à l'aise sous ce discours.) Je ne te le cache pas, une défaite amènerait ici la débâcle. Tout craque ici, ma fille; tu es, je crois, une ponne carte, mais il faut que tu sortes, sinon, avec regret, tame!... bonsoir... je serai obligée de passer la main.

THÉRÈSE, avec amertume, comme devinant la pensée de Mme Boucher, puis avec enthousiasme, s'inspirant de son propre sentiment.

Vous avez été bonne pour moi, ma tante, je le reconnais et vous remercie... Mais soyez sans tourment, je vous rendrai vos services. (Elle se dresse et va vers Mme Boucher.) Je réussirai!... Oui, je le sens, je réussirai!... Les étrangetés, même, que vous craignez en moi, me sont favorables. Ce rôle de mademoiselle de Maupin n'est-il pas étrange et ne semble-t-il pas fait exprès pour moi? Ah! ma tante, si vous saviez comme je l'aime, ce rôle, et comme je le ferai aimer!.. (s'exaltant) en héros charmeur et troublant, en amante passionnée !... Pourquoi, pourquoi douter ?... (Avec fièvre et certitude.) Je triompherai !...

Mme BOUCHER, avec affection, railleuse un peu.

L'enthousiasme te va pien, vraiment, et tu es cholie ainsi... Tes amoureux vont venir et te trouveront adorable, certainement. (Avec une caresse et un geste d'encouragement.) Petit chat sauvage ! (Elle s'en va vers une porte de côté; se retournant, insinuante.) Là, vois-tu, est la fortune autant que dans ton rôle. (S'en allant de nouveau.) Réfléchis... moi, je vais m'habiller. (Elle sort.)

SCÈNE IV

THÉRÈSE, puis JACQUES RHODEL

THÉRÈSE, d'abord seule; elle dégrafe son manteau, ôte son chapeau et pose le tout sur le dossier d'une chaise. Elle est songeuse, mélancolique, son exaltation étant calmée. Elle a suivi du regard la sortie de sa tante.

Elle me chérit à sa manière et je ne puis lui en vouloir.

Comme elle va s'asseoir, Michel ouvre la porte et Jacques Rhodel entre, un livre sous le bras.

THÉRÈSE, *allant vivement à lui, la main tendue.*

Vous ne vous faites pas attendre, vous, mon bon ami.

RHODEL, *serrant affectueusement la main de la jeune fille.*

Vous êtes seule?

THÉRÈSE

Oui, ma tante vient de me quitter pour s'habiller après m'avoir fait de la morale. Elle est dans ses jours de sermons.

RHODEL

Et cette morale disait?...

THÉRÈSE, *riant.*

La morale de ma tante, mon ami, est toute spéciale... Voulez-vous que nous n'en parlions point?

RHODEL

Alors parlons de vous, Thérèse. Vous avez été au théâtre aujourd'hui?

THÉRÈSE

J'en arrive et j'en apporte une

heureuse nouvelle. Elle vous réjouira,
mon bon ami; mes débuts sont
fixés... (Reprenant sa crânerie.) et je joue
mademoiselle de Maupin.

RHODEL

Ah! c'est tant mieux! (Avec une affection
plus calme.) Vous voyez que je faisais
bien de vous dire de n'être point
triste... comme hier, lorsque vous
m'avez demandé ce livre.

THÉRÈSE, prenant le volume.

L'Intermezzo? (Elle le feuillette rapidement; pris, tout à coup, un doigt sur une page, elle la
parcourt. Rhodel est assis près d'elle, à sa droite, un
peu en arrière, et il suit la lecture de la jeune fille par
dessus, un peu, son épaule; elle lit:) « De mes
grandes douleurs j'ai fait de petites
chansons ». (Se retournant à demi vers Rhodel,
avec émotion). Oui, la joie est rebelle,
longue à venir...

RHODEL, sur le point de laisser échapper un aveu.

Comme l'amour... (Thérèse le regarde,
ne comprenant pas. Reprenant, devant ce silence, avec
un geste vague sur le front pour chasser une obsession.)

Voilà bien les jeunes filles!... On
croirait à vous entendre que vous
êtes une persécutée du Destin! Mais,
en dépit de vous-même, Thérèse,
vous êtes une enfant, rien qu'une
enfant. Pourquoi vous plaindre, alors
que tant de vos camarades attendent
leur tour. Vous, vous débarquez, un
beau matin, vous frappez à la porte
d'un grand théâtre — toc! toc! ô
petit chaperon rouge! — et l'on vous
crie d'entrer. J'avoue qu'ensuite, les
amertumes et les déceptions ne vous
ont pas été épargnées et je comprends
vos impatiences. Mais n'êtes-vous
pas consolée de vos chagrins, aujourd'hui?

THÉRÈSE, hantée d'un souvenir.

« La guigne t'a faite pauvre, la
chance t'a faite belle », comme on
m'a dit aujourd'hui... (Un silence.) Je
vous parle franchement à vous, qui
m'avez connue quand j'errais dans
Paris et quand je me défendais contre

la faim. Partout, je sentais à travers
les rues, à travers la ville, le mino-
taure invisible... Et vous m'avez
secourue...

RHODEL

Pourquoi songer aux heures misérables?... Même alors, n'y eût-il pas
des gaîtés?... Et le jour où nous nous
sommes rencontrés n'était-il point
un jour de bon soleil où vos yeux
m'étaient si... (Devant le calme de Thérèse, il
s'interrompt; mais ému :) Ah! pourquoi tous
les soleils ne sont-ils pas bons?...
Maintenant le succès vous a prise.

THÉRÈSE, tout entière à sa joie et qui n'entend pas
cette plainte intime.

Le succès ? Oh! pas encore. (Mais elle
sourit au mot de succès.)

RHODEL, comme renonçant à son idée.

Oui, le succès; ce matin, encore,
Montagnol...

THÉRÈSE, vivement.

Montagnol? Le grand critique?

RHODEL

Me parlait de vous... Vous êtes
allée le voir, il y a quelques jours?

THÉRÈSE, très curieuse et très attentive.

Oh! vite!... que vous a-t-il dit?

RHODEL

Beaucoup de choses... parmi les-
quelles de très flatteuses... Vous l'avez,
d'ailleurs, positivement ensorcelé.
Lui, si grognon, si bourru, devenait
presque charmant, en me racontant
votre entrevue. Vous êtes arrivée,
paraît-il, chez Montagnol, par un temps
de pluie et chargée d'un énorme bou-
quet de chrysanthèmes, et les gouttes
d'eau faisaient des perles sur les
pétales violets des fleurs. Vous avez
causé longtemps tous deux, et tandis
que vous jasiez, le critique, par habitude de métier, détaillait vos phrases
et votre voix. « Mademoiselle Raïa,
s'exprime vite, m'a-t-il dit, avec un
peu d'accent, mais avec une intonation
douce et chantante qui captive. Son

allure farouche et fière n'a rien de la
hardiesse vulgaire. Pas de mièvre
coquetterie en elle. Elle a la jeunesse,
l'enthousiasme et la foi, bonnes qualités au théâtre. L'expérience la rendra
parfaite. Je pense qu'elle réussira. »
Voilà ce que m'a dit Montagnol, et
je vous assure que la poignée de main
que je lui ai donnée en le quittant
était cordiale. (Thérèse émue lui prend les mains.)
Tout ce qui vous touche, Thérèse,
ne me touche-t-il pas un peu, et vous-
même n'êtes vous point heureuse de
mes joies?

THÉRÈSE, se dégageant.

Oui vous m'aimez, et je vous rends
votre « fraternelle » affection. (Elle
poursuit, gentille.) Elle est la seule sincérité
qui vienne à moi. La vie s'étend, autour
de moi, immense, et je m'y débats,
seule. Vous avez une mère, vous, une
grande artiste... Quand elle chantait,
elle a eu mieux que de la célébrité.
De la gloire.

RHODEL

N'avez-vous pas des amis, Thérèse ?

THÉRÈSE, ironiquement.

Même, j'en attends. Plusieurs vont venir ici prendre le thé et notre chère causerie à deux va finir. Des amis, certes, j'en ai. Ma tante les nomme même, spirituellement, mes amoureux. (Mouvement de Rhodel.) C'est monsieur le comte Michel de Béraud, c'est monsieur le marquis de Mauvieuse, c'est celui-ci, c'est celui-là, d'autres encore.

RHODEL, avec embarras et ennui.

Je serai franc, Thérèse. Si vous n'aviez que ces hommes pour amis, je vous plaindrais de tout mon cœur. Oui, en vérité, vous seriez lamentablement seule... Une question indiscrète, peut-être. Où avez-vous connu, par exemple, monsieur de Béraud ? (Thérèse, peinée, regarde fixement Rhodel sans répondre. Scène muette. Il continue comme entraîné, à son insu, par un intime sentiment.) Au théâtre, n'est-ce pas ? C'est, en effet,

un assidu des foyers et des coulisses.
Tout ce que l'on sait d'ailleurs. Où
sa famille ? où le comté dont il
s'affuble ? On l'ignore. Lanceur de
femmes et de petits gommeux qu'il
aide à manger des héritages, quelle
ombre voile son existence ? Il a sa
table dans un restaurant à la mode : il y
amène des dîneurs. Des chevaux sont
à sa disposition chez le marchand : il
monte les plus beaux et les vend au
compte du maquignon. Les filles se
disputent son bras : il sait les faire
valoir. C'est un complaisant qui prend
son bien où il le trouve et ses doigts,
crochus ou vicieux, se sont promenés
sur bien des tapis verts et sous bien des
jupes ! (Comme Thérèse fait un mouvement.)
Pardon ! L'indignation m'emporte
loin, sans doute... mais croyez que je
ne calomnie pas !

THÉRÈSE

Ma tante depuis longtemps connaît
monsieur de Béraud. Comment cette

relation est-elle née? Je l'ignore. Elle
l'a prié de nous amener des amis...
(Vivement.) A propos, ils vont venir et
notre entretien va être interrompu.
Voulez-vous que, ce soir, nous dînions,
tous deux, en un coin de Paris, un de
ces coins presque déserts, où l'on n'a
de pensée que pour soi, que pour
ceux qui vous aiment et qu'on aime...
que pour l'avenir? Cela, en bons
camarades, en frère et sœur. Voulez-
vous pas, dites?

RHODEL

Mais je suis ravi...

THÉRÈSE, gamine.

Et moi je suis contente!

SCÈNE V

LES MÊMES, Mme BOUCHER

Mme BOUCHER, entrant très toilettée et apercevant
Rhodel.

Ah! monsieur Rhodel!

RHODEL, saluant.

Madame...

Mme BOUCHER, à Thérèse, se posant devant elle.

Suis-je à ton goût?

THÉRÈSE, négligemment.

Vous êtes parfaite.

Mme BOUCHER, à Rhodel.

La première qualité d'une femme du monde est de savoir s'habiller. On m'a tit, pien souvent, que je possédais cette gualité là. Au temps, surtout, où mon pauvre mari vivait, où nous étions riches, où les pelles choses ne nous manquaient pas. Ah! le cher homme a tout emborté dans sa tombe! La forme de cette rope n'est pas mal, ne trouvez-vous bas? Elle n'est pas d'aujourd'hui, c'est vrai; elle tate de l'époque où le tuc de Nassau, un de nos amis, venait nous faire fisite.. Le tuc aimait fort cette façon, c'est pourquoi je l'ai gonservée. On n'a pas tant d'agréables soufenirs!

SCÈNE VI

LES MÊMES, LE MARQUIS DE MAUVIEUSE, BLAISE VERDET

MICHEL, annonçant.

Monsieur le marquis de Mauvieuse, monsieur Blaise Verdet.

LE MARQUIS et VERDET, s'inclinant.

Madame... mademoiselle...

VERDET, allant à Rhodel et lui serrant la main.

Bonjour, maestro !

Mme BOUCHER, s'empressant auprès du marquis.

Marquis, prenez donc ce fauteuil...

LE MARQUIS, un peu gaga.

Le fauteuil... Oui, il est très bien, positivement bien. (Il s'assied et croise les mains sur le pommeau de sa canne.)

Mme BOUCHER, à Verdet.

Eh bien, le ferez-vous ce portrait de ma nièce pour votre exposition ?

VERDET

Une impression, madame... Je vous ai dit que je ferai de mademoiselle une impression... Vieux jeu, le portrait... Faut révolutionner l'art.. Une impression, tant que vous voudrez, mais jamais un portrait; j'ai des idées très arrêtées là-dessus... Demandez au marquis.

LE MARQUIS, qui a écouté sans intérêt, change de position.

Certainement ... certainement... avez raison... Impression... Il n'y a que ça... (Il se met à sucer sa canne.)

MICHEL, annonçant.

Monsieur le comte de Béraud, monsieur le duc de Trésel.

Mme BOUCHER, vite, se portant au-devant des nouveaux venus. Au duc, dans une profonde révérence.

Mille grâces, monsieur le tuc, de

fouloir pien accepter notre modeste hospitalité.

TRÉSEL. Il s'incline légèrement puis s'avance vers Thérèse, s'arrête devant elle et la salue correctement.

Mademoiselle...

Pendant ce temps, Mme Boucher serre les mains de Béraud d'une manière qui le remercie d'avoir amené le duc.

THÉRÈSE, souriante.

Je joins mes remerciements à ceux de ma tante, monsieur, et je vous souhaite une cordiale bienvenue. (Remarquant Rhodel qui se tient à son côté; comme le duc et lui se regardent fixement:) C'est ici, monsieur, entre amis et sans cérémonies. Permettez-moi de vous présenter un de mes bons camarades, M. Jacques Rhodel, dont les œuvres, à défaut de la personne, doivent vous être connues.

Trésel et Rhodel se saluent très froidement. Le duc, aussitôt, tourne sur ses talons et se dirige vers Béraud. On voit que Rhodel voudrait prendre congé et que Thérèse le retient, comme si elle se sentait, contre le duc, un besoin de protection affectueuse.

VERDET, *doucement, au marquis.*

C'est une gaffe, hein!... Au fait,
vous devez être bien renseigné, vous
qui êtes de ce temps? Ce garçon est
un aimable souvenir d'une liaison de
plusieurs années qu'eut avec madame
Rhodel, alors à l'Opéra, le vieux duc
de Trésel?

LE MARQUIS, *clignant de l'œil, discrètement, et
pour indiquer qu'on pourrait entendre.*

Oui.

VERDET, *très à mi-voix.*

Pendant que la duchesse, n'est-ce
pas, rôdait dans les écuries?

LE MARQUIS

C'est la légende. — Le vrai Trésel,
c'est lui. Il a l'air comme il faut,
d'ailleurs ; on ne dirait pas un artiste.

VERDET, *froissé.*

Dites donc, marquis...

LE MARQUIS, ahuri.

Pardon, cher... pardon... me croyais au club.

Des groupes se forment dans le salon. Mme Boucher, un peu à l'écart, surveille le thé, préparé au samovar, et Michel apporte les lampes.

TRÉSEL, revenant vers Thérèse.

Alors, mademoiselle, vous voulez conquérir Paris?

THÉRÈSE, enjouée.

Pourquoi pas, monsieur? Serais-je la première?

TRÉSEL, railleur;

Rien qu'avec votre talent?... Aussi avec votre beauté.

THÉRÈSE

Comment? Avec ma beauté?

TRÉSEL, toujours impertinent.

Paris vous dira la manière de s'en servir. Il est aux victorieuses, mais les victorieuses sont à lui... Soulevant de justes adulations, des enthousiasmes, déjà vous êtes connue. Votre nom circule.

VERDET, bas au marquis.

En attendant que ce soit elle.

TRÉSEL, continuant.

Vous triompherez, j'en suis sûr,
au théâtre.

THÉRÈSE

Ah! le théâtre, les applaudissements, la vie émotionnée qu'il
procure!...

TRÉSEL

Vous aimez aussi le luxe?

THÉRÈSE, simplement.

C'est une forme de l'art.

TRÉSEL

Sortez-vous beaucoup, mademoiselle?

THÉRÈSE

Très peu. D'ici au théâtre, du
théâtre ici, voilà mes seules prome-
nades. Pourtant, le dimanche, mes

grandes joies sont d'aller, avec ma
tante, dans les concerts... car j'adore
la musique.

Mme BOUCHER, qui s'est rapprochée et qu'on sent
avoir besoin de parler et de placer une anecdote.

Oh! le goncert! Figurez-vous,
monsieur le tuc...

THÉRÈSE, voulant empêcher sa tante de dire une
sottise, poursuit avec vivacité.

Et puis c'est amusant tous ces
musiciens... On dirait des ouvriers
tisserands, avec le va et vient des
bras qui trament une musique, une
étoffe invisible et harmonieuse...

Mme BOUCHER, qui ne renonce pas à son histoire.

Oui, figurez-vous, monsieur le tuc,
Thérèse y a obtenu, l'autre chour, un
succès... mais un succès!... Elle est si
cholie, n'est-ce pas!... Des messieurs
très pien, la recartaient tout le temps
avec leurs lorgnettes pour la rappro-
cher et s'imaginer qu'ils l'avaient tans
leurs bras...

TRÉSEL

Je parlais justement, à mademoiselle, de ses succès présents et futurs,
madame.

Mme BOUCHER

Oh! Elle arrivera, monsieur le
tuc... Et pour les capacités, ce ne
sont pas les capacités qui lui manquent.

TRÉSEL, bas, à Béraud.

C'est la contenance...

Mme BOUCHER, continuant.

Ce ne sont pas les pons conseils
non plus. Tous les jours, je ne cesse
de lui dire : « Thérèse, ma fille, il est
temps de se téprouiller... Tu as des
appuis, c'est très pien. Mais cela ne
suffit pas... Le pon Dieu, n'est-ce pas,
monsieur le tuc, ne prend intérêt
qu'à ceux qui savent le comprendre et
utiliser les dons qu'il leur a protigués.
Ah! on peut tire que cette enfant là
aura tonné de l'inquiétude à mes
vieux chours. Si j'étais riche, encore!

Mais je joins tout juste les teux pouts et je fais, pour elle, des frais... des frais!.. Tenez, hier encore, je lui ai acheté des chemises, tes pelles chemises avec de la tentelle... Thérèse, va les chercher tes chemises, et monsieur le tuc, qui s'y connaît, te dira si elles sont pelles! (Mouvement embarrassé de Thérèse. Le duc comprend sa situation et laisse passer, comme ne les ayant pas entendues, les dernières paroles de Mme Boucher.) Enfin, les sacrifices né sont rien, n'est-ce pas, quand les enfants ne sont pas incrats. Et Thérèse, foyez-fous, est une ponne fille. N'ayant pas de fortune, le théâtre est la seule chose qu'elle puisse entreprendre. Mais, franchement, ça me crève le cœur, allez, de la voir travailler. Elle, si cholie, si gracieuse! Ah! si j'étais riche encore, je lui ferais une pelle tot et je la marierais avec un monsieur très pien, avec un noble... Mais, voilà, nous n'avons plus beaucoup d'archent et nous faisons ce que nous pouvons.

Mon pauvre mari a été pien fou,
de son vivant. Il chouait à la Bourse,
monsieur le tuc. Et la Pourse, voyez-
vous, c'est un puits. On met des
louis, des pillets de banque sur la
margelle ; un coup de vent, et tout
tombe à l'eau, dans le trou. (Regardant
autour d'elle.) Ça n'est pas bien beau, ici.
Mais, autrefois, mon père afait une
cholie maison et il recevait peaucoup
de monte. Un chour, le roi de Bavière
est fenu. C'était un petit homme et
il était en retincotte. Ça m'a fait un
trôle d'effet. J'étais toute betite et
je me figurais un roi comme un
chéant, avec un crand manteau, un
globe dans la main, une couronne sur
la tête... Le duc de Nassau, aussi,
était de nos amis, et celui-là je l'ai
peaucoup connu. (Mouvement de Trésel ennuyé
de ce bavardage. M⁰ᵉ Boucher croyant voir du dédain
dans l'attitude du duc.) Oh ! afant qu'il fût
dépossédé... Quand il était encore tuc.
La vie est pien triste... pien triste !
(Elle va vers le samovar.)

BÉRAUD, qui s'est approché de Thérèse.

Mademoiselle, on m'a conté une histoire qui vous concerne.

THÉRÈSE

Et cette histoire ?

BÉRAUD

Prétend qu'un jour, au commencement de votre arrivée à Paris, vous avez tenté de vous jeter dans la cage d'un escalier.

THÉRÈSE

On ne vous a pas menti. Dans une heure d'ennui, de désespoir, de nerfs... je ne sais plus bien... j'avais résolu de me tuer.

TRÉSEL

Mais pourquoi choisir un escalier ?

THÉRÈSE

Se noyer, se jeter par la fenêtre, c'est la rue. Les badauds viennent regarder votre cadavre inondé ou broyé.

TRÉSEL

Vous avez bien fait de prendre la rampe.

LE MARQUIS

Vrai, mademoiselle, vous avez eu une telle pensée ? C'eût été mal de nous priver de vous... Est-ce qu'une jolie femme doit jamais se tuer ? (Il se rapproche d'elle.) Vous êtes adorable, n'est-ce pas, Trésel ? (Il met son monocle.) Vos mains sont d'une finesse... d'une blancheur... Et je suis sûr que Verdet, en artiste, vous dirait... (Il prend la main de Thérèse.) Oui, c'est blanc...(la détaillant) partout...

RHODEL, sèchement.

On dirait que vous jouez aux dominos.

Thérèse, confuse sous le compliment du marquis, se rapproche de Rhodel, heureuse d'entendre sa voix.

SCÈNE VII

LES MÊMES, LYONNETTE MYRIA, RENÉ DE MAUVIEUSE, PIERRE GONTARD

MICHEL, annonçant.

Monsieur René de Mauvieuse, monsieur Pierre Gontard.

THÉRÈSE, à Lyonnette qui entre au bras de René.

Oh! que cette robe vous va bien, ma chère!

LYONNETTE

Je suis heureuse, ma chère, et aux femmes heureuses les robes leur vont bien.

RENÉ, aspect très fatigué de viveur, apercevant son père, le marquis de Mauvieuse.

Bonjour, papa. (Il lui donne une poignée de main, à l'anglaise ; il cherche un siége et court s'asseoir).

LYONNETTE, très animée.

Moi, vous savez, je lâche Gontard. Ah! non, on ne me reprendra plus avec lui. Nous arrivons de Chatou, et figurez-vous qu'à la gare Saint-Lazare, sans me prévenir de rien, il a fait un esclandre, mais un esclandre! Le chef de gare s'en est mêlé, et comme il demandait à Gontard le motif de sa réclamation: « Monsieur, lui a-t-il dit, on n'observe pas, sur votre ligne, les règlements. Je suis pour les règlements, moi! ». Savez-vous ce qu'il voulait?... Il voulait faire monter la locomotive dans le compartiment des fumeurs. (On rit).

GONTARD, avec un léger accent marseillais, à Verdet.

Dis donc, mon cher, je t'ai aperçu hier, à l'Opéra, dans la loge de la baronne. Tu te mets bien. C'est une châsse! Tout en elle est opulent, les bras, les épaules, la gorge...

BÉRAUD, à Trésel.

Enfin tout le tremblement.

GONTARD, reprenant.

Elle a des diamants merveilleux... toute une rivière.

TRÉSEL, à Béraud.

Où il y a du poisson.

GONTARD

Enfin, mon ami, tu deviens oriental. Tu aimes les femmes grasses, copieuses... qu'on peut trouver dans l'obscurité... Tu n'as pas toujours été comme ça...

VERDET, inquiet.

Que vas-tu dire ?

GONTARD

Tu te rappelles ce minois bizarre, de grands yeux dans un teint bistré, de jolies dents, la bouche rouge, une peau fraîche et frémissante... et des gestes brusques.

VERDET, ennuyé.

Oui. Eh bien?

GONTARD

Eh bien, je l'ai rencontrée, ton ancienne... Elle est toujours mai-

griotte, mais elle s'est courbée, sa
bouche est ébréchée, son menton n'a
plus que l'os.

VERDET, rogue.

Et puis, après? Où l'as-tu rencontrée?

GONTARD, lugubrement.

A la porte du cimetière Mont-
martre.

THÉRÈSE

Que faisait-elle là?

GONTARD, farceur.

Elle vendait des oublis pour qu'on
ne pense plus aux morts.

BÉRAUD

Et aux baisers d'autrefois, Verdet.

LYONNETTE, à Thérèse.

On m'a dit aujourd'hui, ma chère,
que vous répétez le rôle de mademoi-

selle de Maupin. Mes félicitations.
Vous avez de la chance. Vous n'êtes
pas comme moi, car, ainsi que disait
Verdet, quand il n'était pas encore
mondain, j'ai mangé un peu de vache
enragée.

VERDET, ripostant et lui faisant supporter son
irritation.

A présent, vous aimez mieux du
veau... d'or.

SCÈNE VIII

LES MÊMES, SCHAVYL

MICHEL, annonçant.

Monsieur Schavyl.

LYONNETTE

Un de nos plus imminents écri-
vains.

THÉRÈSE — qui depuis quelques moments offre le
thé à ses invités — à Schavyl.

Une tasse de thé, monsieur?

Mᵐᵉ BOUCHER, dégustant.

C'est du vrai thé, ça... Goûtez-le,
messieurs. C'est du thé de caravane.
Il vient tout droit de Pétersbourg,
par l'Ambassade. (A Thérèse qui pose le sucrier
sur une table, tout près d'une potiche.) Prends
garde! Prends donc carte, Thérèse,
avec tes mouvements, tu vas casser
ce crand vasque cloisonné!

SCHAVYL, corrigeant.

Cette vasque...

Mᵐᵉ BOUCHER

Oh! avec ces mots turcs, on ne
sait jamais à quoi s'en tenir, et si c'est
masculin ou féminin.

LYONNETTE, à Schavyl.

A quand, mon cher, votre prochain roman... le meilleur?

SCHAVYL

Le prochain livre, Lyonnette, est
comme le prochain amant. C'est
toujours le meilleur.

LYONNETTE

Moi, dans un roman d'amour, ce que j'aime le mieux, c'est la préface.

SCHAVYL, discrètement, à Lyonnette.

Vous voulez dire l'introduction?
(Lyonnette tourne le dos à Schavyl).

GONTARD, à Verdet.

A propos, mon cher, dans l'aquarelle que tu as exposée, une petite parisienne ayant à ses pieds un gros amour, pourquoi n'a-t-il pas des ailes, ton amour?

VERDET

D'abord, ça n'est pas de moi. C'est d'un de mes bons camarades... un farceur qui n'a pas le moindre talent... Et je me demande aussi pourquoi il lui a coupé les ailes.

SCHAVYL

Il ne lui reste plus que son dos.

TRÉSEL, qui était occupé à boire son thé, posant sa tasse.

C'est l'amour moderne.

LYONNETTE, à René, toujours affaissé dans son fauteuil et baillant derrière son claque.

Mon cher comte, vous n'êtes pas amusant.

RENÉ

Éreinté, ma chère, éreinté!... Mais ça ne fait rien... vous aime bien tout de même. (Sur un ton plaisant, mais comme en confidence). Nous nous en irons ensemble, voulez-vous? Dînerons, vous conduirai au théâtre, souperons, ça va-t-il?... Vous désire, voyez-vous, depuis longtemps. Oui, vous désire... Plus fort que moi, ce désir... Jamais désiré comme ça, ma parole!...

LYONNETTE, fort.

Vous ne parlez que de désirer, mon cher... on dirait que vous ne pouvez pas plus... Merci, je m'en irai toute seule. (A Schavyl) Ah! j'oubliais de vous parler de votre article de ce matin! Eh bien! vous êtes gentil, vous encore, avec les femmes; vous les arrangez bien! Si j'étais le prince

Corvanella j'irais vous tirer les oreilles, vous savez, mon petit!

GONTARD qui regardait un album de photographies.

Lyonnette en colère!... Qu'y a-t-il?

SCHAVYL, riant

Rien!... La vertu de Lyonnette... Elle s'insurge parce que j'ai raconté l'aventure de Corvanella en train de donner des coups de canif dans un noble contrat. Quand le commissaire est arrivé, le canif, parait-il, était encore dans le contrat.

VERDET

C'est toujours drôle une femme qui trompe son mari parce que son mariage a été un viol.

GONTARD

Non, un vol... Car tout homme qui se marie vole les autres.

SCHAVYL

Un viol. Verdet a raison. Mettons les points sur les i.

GONTARD

A propos de mariage, vous savez que... Chose... le Juvénal d'aujourd'hui... épouse une vieille garde?

VERDET

Les grandes dames deviennent bien courtisanes.

SCHAVYL

Et les entrées compensent les sorties.

LYONNETTE, allant à Thérèse.

Tous toqués, ma chère! On vous verra, demain, à la répétition? (Sans attendre de réponse.) Je me sauve, je suis pressée... une longue lettre à écrire au père de mon enfant.

SCHAVYL

Une circulaire?

LYONNETTE, qui a paru ne pas entendre, à René assoupi.

Allons, je vous emmène tout de même.

SCÈNE IX

LES MÊMES, moins LYONNETTE et RENÉ

RHODEL se levant et allant à Thérèse.

Permettez-moi, mademoiselle, de prendre aussi congé.

THÉRÈSE lui prenant les deux mains et le rassayant de force, gentiment.

Pourquoi partir déjà ? (Affectueusement.) Vous êtes tout drôle, ce soir... vous ne dites rien... et il semble que vous soyez sur des épines...

Mᵐᵉ BOUCHER, pendant que Thérèse, debout, insiste et maintient, par gaminerie, Rhodel assis, en lui posant la main sur l'épaule.

J'ai lu ce matin, monsieur le tuc, le compte-rendu d'une soirée où vous étiez... il y va de crands artistes chez la princesse de Partisane.

TRÉSEL

Trop.

Mme BOUCHER

Des gloires, pourtant, monsieur
le tuc.

TRÉSEL

Oui, mais qui recherchent la
fréquentation du monde qui ne
devrait pas les recevoir, ou à part.

LE MARQUIS

Sévère... mon cher...

TRÉSEL

Mais non, mais non... On doit les
garder à leur rang et ne pas nous
commettre avec des gens qui pour
vivre sont obligés de vendre...

RHODEL, nerveux.

Des chefs-d'œuvre !

SCHAVYL, moitié vexé, moitié rieur.

Ne blaguez pas les artistes, ils
peuvent vous le rendre.

TRÉSEL, à Schavyl, avec affectation de ne pas
répondre à Rhodel.

Avec ça que vous ne vous blaguez

pas entre vous, voyons. Il faudrait
ne vous avoir jamais entendu parler
les uns des autres.

RHODEL, se levant.

Oui, un artiste a des envieux et
des ennemis. Car la raillerie est
humaine. Peintres, romanciers, sculp-
teurs, journalistes, nous nous brûlons
les uns les autres, mais cela ne fait
qu'activer la flamme, et de loin le
monde aperçoit ce flambeau.

TRÉSEL, impertinent, regarde Rhodel, puis le dos
à moitié tourné.

Où il y a du génie, il n'y a pas
de plaisir.

Il va vers Thérèse. Embarras de tous. Schavyl,
Gontard et le marquis se dressent. Mme Boucher va
vers eux et ils causent, sur le point de se retirer.

TRÉSEL, s'approchant de Thérèse à mi-voix.

Me ferez-vous l'honneur, mademoiselle, de dîner avec moi, ce soir?

THÉRÈSE

Je vous remercie, monsieur. (Haut et

entendue de tous :) Je suis déjà invitée par
mon camarade Rhodel.

Voyant qu'on s'en va, elle se dirige vers la porte
du fond et, pendant qu'elle remercie les visiteurs,
le duc s'approche de Rhodel resté sur le devant de
la scène.

TRÉSEL

Mes compliments !... Vous avez un
cœur... (regardant significativement Thérèse et
le modeste mobilier.) et vous le mettez dans
une chaumière.

RHODEL, dans une colère contenue, pour ne pas
faire esclandre,

Vous me paierez votre insolence,
monsieur !

TRÉSEL, les mains dans les poches, d'un air insultant
qui veut dire simplement : « Mon père a eu, à son
plaisir, votre mère. » Et lentement, faisant bien
valoir le dessous de chaque mot.

Allons donc ! On ne se bat pas...
entre frères...

RHODEL

Il y a une autre légende, vous le
savez, plus vraie, et pire... celle du

valet d'écurie... Je suis fils d'une honnête femme, moi!

TRÉSEL

Je vous tuerai!

RHODEL

Nous verrons demain.

Tout cela très bref, ironique, haineux. — Thérèse, en ce moment, redescend la scène; le duc et Rhodel se saluent, malgré qu'ils se contiennent, d'une façon presque hostile. Le duc s'incline devant Thérèse et sort, derrière ses amis. Mme Boucher sort, également, pour les reconduire.

SCÈNE X

RHODEL, THÉRÈSE

RHODEL

Vous m'excuserez, Thérèse... Nous ne pourrons pas diner ensemble, ce soir.

THÉRÈSE

Pourquoi?

RHODEL

Une affaire que j'ai oubliée... trop longue à expliquer. .

THÉRÈSE

Vous ne dites pas vrai. Il s'est passé quelque chose, ici?...

RHODEL

Vous vous trompez, je vous assure...

THÉRÈSE, avec une autorité caressante.

Alors, je veux que vous m'emmeniez.

RHODEL, reprenant son chapeau.

Non, non... impossible.

Il s'en va vers la porte du fond. Là, il hésite et se retourne. — Il aperçoit Thérèse dans une attitude de découragement, comme si un ami en qui elle croyait, de tout son cœur, l'abandonnait.

THÉRÈSE

Vous ne m'aimez pas?

RHODEL, s'avançant.

Je donnerais volontiers ma vie pour vous.

THÉRÈSE

Vous allez vous battre ? (Il ne répond pas, elle poursuit :) Avec le duc ?

RHODEL

Eh bien, oui, je me bats... et j'en suis joyeux...

THÉRÈSE

Pourquoi ce duel ?... (Cherchant le motif.) Serait-ce pour moi ?... Parce que vous êtes jaloux ?...

RHODEL

Et pourquoi ce mot ? Si j'étais jaloux, c'est que vous l'aimeriez... Mais ce n'est pas pour vous que je me bats, c'est parce que je le hais... En vous voyant, vous, si pure, si jolie et si loyale, entourée de ces hommes, les uns vicieux ou gâteux, les autres interlopes, comment ne pas s'indigner et souffrir ? Ah ! si vous aviez confiance en moi, Thérèse, vous auriez le droit de mépriser hautement et de

chasser tous ces misérables courant
après vous.... à qui aura le premier
morceau, quand vous tomberez! (Un
silence. Il reprend, devenu calme, et tendrement:)
Le théâtre! Est-ce que vous l'aban-
donneriez ?...

THÉRÈSE

Non! C'est ma vie...

RHODEL, découragé.

Adieu !

THÉRÈSE. Elle va à lui et le retient.

Vous ne vous battrez pas! Je ne
veux pas que vous vous battiez!...
Mais si! Je vous aime! (Il remue la tête,
tristement, en signe de doute.) Il n'y a que
vous que j'aime ici. (Il a un tressaillement
dans tout son être; mais il va partir.) Non, vous
resterez avec moi!... et j'écouterai vos
conseils; nous en causerons, ce soir.
Mais je ne veux pas que vous vous
battiez!... Me le promettez-vous ?

RHODEL, dont la physionomie garde sa résolution.

Je reste avec vous.

THÉRÈSE

Ah! Vous êtes gentil!... (Avec mutinerie, comme pour faire oublier ce qui vient de se passer.) N'est-ce pas, c'est un dîner de moins que je devrai à ma tante?..

DEUXIÈME ACTE

HICHINETTE

Au Foyer
du Théâtre

*Le grand foyer du théâtre.
— Le petit foyer, qu'on ne
voit pas, est à gauche, à la
suite. — On y va par un
couloir qui fait le tour des
deux côtés du grand foyer.*
*Une large porte, au fond, et une autre porte, à droite.
Dans le couloir, bancs recouverts de moleskine verte.
Cheminée, à gauche, supportant un buste de Molière.
Du feu ; on est en décembre. — Portraits. —
Fauteuils. — Acteurs et actrices, en costume, entrent
et sortent. — On joue : Le Mariage de Figaro. — Jour
d'abonnés.*

SCÈNE PREMIÈRE

MONTAGNOL, LYONNETTE

LYONNETTE, en « Chérubin. »

Vous êtes satisfait de moi, cher
maître. Que je suis contente!... J'ai
envie de vous embrasser...

MONTAGNOL

Ce n'est pas l'endroit; il faut respecter le foyer. Vous êtes, ma chère enfant, dans un théâtre sérieux... D'ailleurs, s'il y a beaucoup de progrès dans votre diction, certains détails, d'allure générale, laissent encore à désirer.

LYONNETTE

Nous y voilà. Il y a des cheveux?

MONTAGNOL

Trop d'amusement et pas assez d'étude... Vous êtes une agréable personne, mais vous n'êtes pas assez naïve. Voyez-vous un joli brin de fille qui fait la fête et semble se soucier du théâtre comme d'une pomme... Voyez-vous cette gentille folle arborant, toujours, une toilette nouvelle, cette tourmenteuse de cœurs dont les quenottes, avec ce bout de langue, dévorent des fortunes... Non, la voyez-vous dans un rôle ingénu?

LYONNETTE

Chérubin n'est pas ingénu. Et Fanchette dont à ce que dit Basile : « Tant va la cruche à l'eau qu'à la fin elle s'emplit. »

MONTAGNOL

Ecoutez... Dans sa notice sur les caractères et les habillements de sa pièce, — *Le Mariage de Figaro,* — Beaumarchais définit ainsi Chérubin : « timide à l'excès, d'ailleurs un charmant polisson ; un désir inquiet et vague est le fond de son caractère. Il s'élance à la puberté... » Votre désir n'est pas inquiet et vague, vous n'êtes pas timide à l'excès, mais, par exemple, un adorable polisson.

LYONNETTE

Chérubin s'élance à la puberté.

MONTAGNOL

Eh bien ! Vous sautez par dessus.

SCÈNE II

MONTAGNOL, LYONNETTE, LAUTREC.

LAUTREC, en « Figaro. »

Bonjour, Montagnol. A quel bon vent votre présence?

MONTAGNOL

Je suis venu vous voir en Figaro, ce qui m'est toujours un vif plaisir, et juger de l'effet de la pièce sur le public des abonnés. Il paraît qu'il s'offense de vos impertinences?

LAUTREC

Le monde « pschutt » ne les aime qu'en musique.

MONTAGNOL

Ah! vous aussi vous avez le travers des mots nouveaux... Et comment le public a-t-il accueilli, aux autres représentations, le début de Thérèse Raia dans cette comédie que Gautier

avait bien fait de laisser inédite et que
votre directeur a eu l'incompré-
hensible idée de jouer : *Mademoiselle
de Maupin?* — Thérèse a-t-elle eu
plus de bonheur qu'à la première?

LYONNETTE

Compliments! Vous l'avez bien
éreintée... Votre feuilleton sur elle
était superbe; c'est un de vos meilleurs.

LAUTREC

Un succès de plastique, voilà. Hier
soir, encore, le prince de Partisane en
avait les yeux hors de la tête, et le
marquis de Mauvieuse en bavait.

MONTAGNOL, se tournant vers le buste.

Qu'en dis-tu, Molière?...

LYONNETTE, fredonnant.

« *Mais il est en pierre,*
« *En pierre...* »

MONTAGNOL

Voilà où on aboutit avec l'amour
immodéré de la couleur, l'importance

exagérée du décor, le désir grossier
de plaire aux regards...

LAUTREC

En tout cas on a vu regimber la
ville qui se laisse si facilement prendre.

SCÈNE III

LES PRÉCÉDENTS, BLANCHE AUBERT, SCHAVYL

SCHAVYL, donnant le bras à Blanche Aubert en
« Suzanne. »

... par les comédiens.

LAUTREC

Ne t'en plains pas! Qui te fournirait
de la « copie », soireux de mon âme?

SCHAVYL

Ton âme! Tu n'as que celle des
autres.

BLANCHE AUBERT, à Schavyl.

Vous êtes mauvais.

LAUTREC

Pas lui, son esprit.

SCHAVYL

Allons, des nouvelles, Figaro!... Est-ce exact qu'on va faire répéter à Thérèse Raïa le rôle de Mistress Clarckson? Car on dit, aussi, qu'elle est engagée au Cirque. Sera-t-elle comédienne... ou écuyère ?

MONTAGNOL

Le duc de Trésel la flirte joliment.

LAUTREC

A propos, vous savez qu'il a parié de l'avoir... Oui, de la souffler à ce pauvre Rhodel qui la serre aussi de très près... Le duc lui en veut toujours du petit coup d'épée qu'il en a reçu.

BLANCHE AUBERT

... Et d'être plus le fils à papa que lui-même.

SCHAVYL

Tandis que Trésel, n'est-ce pas,

est entré dans la famille par l'escalier
de service.

MONTAGNOL

Chut! Le voici...

LYONNETTE

Avec le petit Mauvieuse.

SCÈNE IV

LES PRÉCÉDENTS, TRÉSEL, RENÉ.

TRÉSEL, à Mauvieuse.

Thérèse n'est pas au foyer. Nous
reviendrons au second entr'acte...
Tiens! Blanche Aubert est là. Toujours
mignonne et souriante avec ses
fossettes et son grand air doux...
Vous l'avez connue, je crois?

RENÉ, nonchalant.

Comme on dépose un baiser sur le
front.

BLANCHE AUBERT, allure de soubrette.

Votre servante...

LYONNETTE, salut de petit page, souriante.

Messeigneurs...

Trésel et René, s'inclinent en parfaits gommeux, et
sortent par la droite.

SCÈNE V

MONTAGNOL, LYONNETTE, LAUTREC, BLANCHE AUBERT, SCHAVYL.

BLANCHE AUBERT

Savez-vous, Schavyl, quelle idée bizarre a poussé un de vos confrères à publier des articles insensés sur celle que chasse, maintenant, le Roi de la Gomme... sur cette bohémienne?...

LYONNETTE

Qu'est-ce qu'elle lui a fait pour ça?

SCHAVYL

Mais, rien du tout. C'est un poète.

LYONNETTE

Il a pris un lampion pour une étoile.

LAUTREC

Et il a célébré le lampion sur son luth à trois cordes.

SCHAVYL

Des cordes pour la pendre.

LAUTREC

On a attendu, curieusement, l'apparition de cet astre nouveau ; enfin, vendredi dernier, au milieu des sourires, devant une salle comble d'où venait, largement, une fine ironie, est tombé, au bord de la rampe, le lampion ridicule.

MONTAGNOL

C'est regrettable pour cette pauvre fille qu'on ait annoncé son début avec tant de fracas. Un simple écho aurait suffi, au lieu d'un portrait qui a fait espérer une grande actrice. La déception a été d'autant plus forte.

SCHAVYL

Et le fiasco plus amusant.

LYONNETTE, méchante.

Elle n'a eu aucun succès, je la plains... Et toi, Blanche?

BLANCHE AUBERT, sincèrement.

Moi, après tout, je suis chagrine pour elle de tout mon cœur. Elle est si jolie et si avenante...

MONTAGNOL

Avec l'étude, au reste, elle acquerra le métier qui lui manque, (A Lyonnette) car l'essentiel c'est de vouloir...

L'AVERTISSEUR, dans la coulisse.

On va commencer!

MONTAGNOL

Je retourne dans la salle. (A Lyonnette.) Permettez-moi de vous le redire : n'oubliez pas votre timidité... vous m'entendez!... Pas de chic!

BLANCHE AUBERT, à Lautrec,

Viens-tu, Figaro ?

SCHAVYL, qui a pris Lyonnette par la taille.

Cherubino di amore...

Ils sortent par la porte du fond.

SCÈNE VI

JACQUES RHODEL, PRINCE ALEXIS ODEROFF

ODEROFF. Il entre par la droite, son bras sur celui de Rhodel.

... Oui, voilà comment j'ai connu Thérèse Raïa, le soir de ce fameux incendie...

RHODEL

... dont on n'a jamais découvert les auteurs ?

ODEROFF, sèchement.

Personne ne les a dénoncés.

RHODEL

N'êtes-vous pas proscrit ?..

ODEROFF, comme s'il n'avait pas entendu.

Nous parlions de Thérèse Raïa...
Je ne l'ai plus revue depuis. Quelle
est la suite de son aventure ? Ma vie, à
Paris, est retirée, presqu'en dehors
du monde... Travaillant beaucoup, je
ne sais rien.

RHODEL, rêveur.

Je vous ai vu dans la plupart des
capitales d'Europe où, chaque année,
je vais interpréter les grands musiciens
que je préfère. Nous nous sommes
trouvés liés, après une longue causerie... à Vienne, vous en souvient-il?...
par une communauté d'admiration
pour Back, le pilier, pour Chopin,
Beethoven, pour Wagner. J'éprouve,
toutefois, un secret sentiment que nous
sommes plus liés depuis que, ce soir,
sur le boulevard, ayant prononcé, par
hasard, le nom de Thérèse Raïa, j'ai
appris que vous la connaissiez. En me
racontant ses fantaisies extravagantes

et adorables, vous m'avez pris le bras, comme si Thérèse nous rendait plus intimes.

ODEROFF

Je ne l'aime pas.

RHODEL

Mais vous l'estimez! Nous gardons, nous deux, faisant une naïve exception, une sympathie désintéressée, profonde, pour cette comédienne, pour cette jeune fille. Elle, contre tous, si artiste et si pure, comment ne pas la défendre? Elle est en butte, aujourd'hui, aux attaques continuelles de la blague parisienne, venimeuse et rapetissante, qui sourit ou ricane, spirituellement, de ce qui est respect, croyance, amour, talent, de ce qui est grand et beau, avec évidence, comme le soleil est de la clarté... car la blague, éprise d'artificiel, aime mieux le gaz que le soleil.

ODEROFF

Les acteurs sont en scène. C'est
fort paisible, ici. (Il s'assied et sourit.) Il ne
vous déplaît point, n'est-ce pas, de
parler d'elle?

RHODEL

On la blague! Qui?... les imbéciles
et les esprits moyens qui sont pires.
Tous les hommes supérieurs qui l'ont
approchée ont été frappés par ses
qualités originales. Ils l'ont aidée,
protégée; et elle a été engagée ici...
Vous n'étiez pas à la première?

ODEROFF

Je vis en loup.

RHODEL

D'abord, une impatience. On allait
enfin la voir, cette étrangère dont on
disait merveille... Quand elle entra,
vers le milieu du premier acte, il se
fit un profond silence. Toutes les
lorgnettes étaient braquées sur elle.
Succès physique. Jolie fille! La sil-

houette était exquise de Madeleine de
Maupin en travesti, avec ses bottes,
son pourpoint de velours rouge
sombre, la main sur la poignée de sa
longue épée, le visage mignon sous
un large chapeau à plumes. C'est la
scène de l'auberge, les cavaliers sont
à moitié gris; elle entonne, à leur
aspect, le fameux couplet : « Idéal,
fleur bleue, au cœur d'or, qui t'épa-
nouis, tout emperlée de rosée, sous le
ciel du printemps. » Son accent tzigane,
harmonieux à la ville, forcé sur la
scène par le ton du théâtre, était
atroce. Elle le comprit; sa main trem-
blait. Il y eut, alors, dans la salle, un
sourire général, qui s'entendit. Emu,
je suivais, de mon fauteuil, ses impres-
sions, ayant peur autant qu'elle. Je
craignais qu'elle ne pût continuer.
Le premier acte fut une complète
déroute... J'allai dans sa loge. Avec
une volonté de fer, la pauvrette
cachait son navrement sous une gaîté
nerveuse... Et la fin de la pièce ? Que

vous dire ?... L'effarement fit place à
de l'énergie; souriante, elle tint tête
au public presqu'avec insolence.. Ce
fut un four.

ODEROFF, debout.

Et vous protestez?

RHODEL

Oui; son accent, elle le corrigera.
Vraie artiste, elle n'a pas l'appren-
tissage, et n'exécute pas ce qu'elle
conçoit. On lui a fait croire à du talent,
elle en a... Vous êtes bien certain,
vous, que ce n'est pas une femme
banale?

ODEROFF

Vous vous êtes battu pour elle?
(Geste évasif de Rhodel.) ...Elle va arriver
bientôt?

RHODEL

Je ne sais pas.

ODEROFF

Vous m'avez mené ici pour la
rencontrer... Elle doit venir au

théâtre chaque soir, même quand elle
ne joue pas, comme le papillon vient
à la flamme qui le brûlera... Vous
l'aimez donc bien?

RHODEL

J'en suis fou!.. Mais j'ai de noirs
pressentiments. Elle ne veut pas de
moi. Je crains de m'en assurer en lui
avouant mon amour. Si je n'avais la
passion de mon art, je me serais fait
sauter la cervelle.

ODEROFF

Vous oubliez l'espérance.

SCÈNE VII

RHODEL, ODEROFF, THÉRÈSE

THÉRÈSE, entrant par la porte du fond.

Qui parle d'espérance?

ODEROFF

Moi! (Il s'incline.)

THÉRÈSE

Vous !.. Le passé revient, le prophète s'assure que sa parole s'accomplit. Vous rappelez-vous, comme moi, notre première rencontre ? Vous avez évoqué à ma pensée, Paris, ses colères de brute, ses grandeurs, ses caprices, ses générosités, ses crimes... ce Paris, vers qui aboutissent les chemins du monde. Votre voix, la première, m'a fait entendre la ville attirante, et vous me trouvez aux prises avec elle... Est-ce qu'elle me tuera, comme vous avez dit ?

ODEROFF, à mi voix.

Etes-vous toujours aussi farouche ?
Thérèse absorbée dans le souvenir, ne répond pas.

RHODEL

Vous prédisiez donc bien en sombre ?

ODEROFF

Le soleil enveloppe les choses dans une vibration de lumière éclatante et les montre comme à travers

un prisme d'or et d'azur, tandis que, par
les temps gris, le brun est brun,
l'opale est opale, le bleu est bleu.
On voit les couleurs telles quelles...
Je choisis la note sans soleil... Vous ne
m'avez pas répondu, Thérèse? Auriez-
vous, dans votre cœur un peu sauvage, écouté l'amour?

THÉRÈSE

Je ne l'ai pas encore entendu.

SCÈNE VIII

LES PRÉCÉDENTS LYONNETTE.

LYONNETTE, qui est entrée sur le mot « amour »

Vous contez fleurette, prince, à
l'étoile nouvelle?

ODEROFF, froid.

Vous vous trompez... (Indifférent.)
Est-ce que l'acte est fini?

LYONNETTE

Non. Je viens seulement de sauter
sur la melonnière, et, comme je ne

suis pas du suivant, je monte dans ma
loge... Est-ce que vous me feriez
l'honneur de m'accompagner? (Il lui
offre son bras et s'éloigne avec elle.)

RHODEL, à Oderoff

A tantôt.

LYONNETTE, revenant sur ses pas, à Thérèse.

Vous avez lu, ma chère, l'article
de Montagnol? Ses critiques sont bien
injustes, bien méchantes! Je vous
plains, il est très influent!.. Il y a un
peu de boue, sur votre robe; vous
êtes venue à pied? Mes petites
amitiés. (Elle sort.)

SCÈNE IX

THÉRÈSE, RHODEL

RHODEL

Qu'avez-vous? Vous êtes triste...

THÉRÈSE

Je suis malheureuse... Elle se
moque de moi; elle n'a pas tort, sans

doute. Chaque jour, depuis une
semaine, je sens, autour de moi, les
mêmes ironies. Qu'ai-je donc fait
ponr être la cible de tous les traits
plaisants? Si vous saviez, je ne dors
plus, et quand je sommeille, mes
rêves sont d'affreux cauchemars. Je
me dresse sur mon lit, en sursaut,
au bruit de milliers et de milliers de
rires informes, qui, indéfiniment, se
succèdent dans ma nuit... Je ne crois
plus à rien, c'est fini, c'est bien fini!..

RHODEL

Ne croyez à rien, mais croyez à
l'amour. Je vous aime... Ah! je l'ai
dit, enfin! C'est si doux de prononcer
ces mots qui, depuis longtemps, me
venaient aux lèvres et que je retenais.
Je vous aime... Laissez, laissez... Chère
ambitieuse, j'avais peur de votre
ambition. Vous rêviez des triomphes.
En quoi pouvait, alors, vous intéresser
mon amour? Mais je vous ai adorée,
depuis la première heure. Que nous

importe le succès?... Maintenant vous
ne vous en souciez plus, n'est-ce pas?
C'est bien vrai que je ne dois plus
redouter vos chimères? Vous quittez le
théâtre?.. Je vous aime. Voulez-vous,
Thérèse, être ma femme?

THÉRÈSE, après un silence.

Non, ami.

RHODEL

Je le redoutais... Mais ce n'est pas
possible... Je vous aime éperdument...
Vous souvient-il d'un poème qui
sourit et qui pleure? Vous m'avez lu
une strophe sur la page où votre
regard était tombé : « De mes grandes
douleurs j'ai fait de petites chansons. »
C'est ce que disait la strophe, vous
rappelez-vous? J'ai été sur le point
de vous avouer mon amour. Je sentais
mes tourments qui montaient, en
larmes, à mes yeux. Mais vous aviez
votre air froid et conquérant. Et j'ai
tu ma passion... nous avons parlé de
tout, sauf de ce qui me faisait battre le

cœur à se rompre... Le soir, vous avez
voulu dîner avec moi, au cabaret. Un
monsieur, près de nous, écoutait sans
comprendre. Je prétendais que l'idéal
est dans le temple et non dans le
faubourg, qu'il faut aristocratiser l'art..
Qu'est-cè que cela me faisait, pour le
moment ? Ma pensée était loin de mes
paroles. Elle allait à vous, à votre
rêve que vous avez voulu livrer aux
bêtes, à vos longs cils au travers des-
quels glisse votre désir infini, à vos
lèvres... elle allait à vous, partout...
(Il tend sa main pour prendre celle de Thérèse.)
Je vous aime... mais vous êtes comme
une statue du refus.

THÉRÈSE

Je ne peux pas ! Vous avez pour
mère une merveilleuse cantatrice
dont le monde entier a consacré le
le succés. Vous avez vous-même un
nom fêté. Une comédienne, qui serait
de premier rang, pourrait mettre, en
signe d'amour éternel, sa main dans

votre main. Il n'en est pas ainsi de
moi. Vous le penseriez plus tard ; on
le dirait autour de vous... C'est impossible que, dans cette famille d'artistes,
entre une cabotine bafouée, ridiculisée,
une pauvresse à la charge d'une vieille
femme, une intrigante, a déjà dit un
journal, admise ici on ne sait par
quelle faveur... Mon chemin est autre.
Je ne « veux » pas vous aimer

RHODEL

Vous êtes mon bonheur et je ne
le laisserai pas s'échapper. Il est
écoulé le temps où je n'avais souci
que de gloire. Mon cœur n'a jamais
battu comme le jour où je vous ai
rencontrée. Je vous aime ! Tout votre
corps est passion... Oui, venez, je
vous emmène loin d'ici... Viens ! tu
es ma femme ! Tu laisses le théâtre
pour n'être plus qu'à notre baiser.
Que t'importent les envieux ? Je veux
un nid où n'arrivera aucun écho des
vilenies du monde... Tu as produit

sur moi l'émotion la plus tendre et la
plus délicieuse... Pardonne, je suis
fou de toi... Je suis fou de toi, entends-
tu... Je ne tiens qu'à toi au monde...
Je t'aime... Je te veux...

THÉRÈSE

Je ne puis... Quand j'aimerai quelqu'un je me donnerai à lui. Il n'y aura
personne avant et personne après.

SCÈNE X

LES PRÉCÉDENTS, LE MARQUIS, BLAISE VERDET, LAUTREC

LE MARQUIS. Il entre avec Blaise Verdet, par la droite.

Je suis gâteux, mon cher, je le sais,
je me reconnais dans vos dessins.
Tous les gâteux que vous faites, je
leur ressemble... D'abord, j'absorbe
cinq litres de boisson par jour...
champagne, grogs, et cœtera. Puis,
entre nous, je m'amuse trop. Certaine

débauche qui est une chose distrayante
pour la jeunesse, à mon âge...

LAUTREC, venu par la porte du fond ; à Rhodel.

Tiens ! vous étiez dans la salle ?

RHODEL

Nous causions ici, tous deux.

LAUTREC

Je ne vous dérange pas. Adieu.

THÉRÈSE

Pas du tout, restez donc... Nous
dirons du mal de moi.

Rhodel, Thérèse, Lautrec, causent doucement près de
la cheminée.

VERDET, saluant familièrement de la tête Thérèse
Raïa, au marquis qui, lui, salue de la main.

Elle n'a pas une toilette bien riche,
votre idole, mais elle s'habille avec
goût. Du chic... Décidément, je la
peindrai volontiers.

LE MARQUIS.

Oui, oui... elle n'est pas mal.

VERDET

Comment? Pas mal?.. Vous êtes mou!.. Pas mal! Vous la trouviez crevante, sur la scène, lorsqu'elle est en cavalier.

LE MARQUIS

Parfaitement. Mais il faudrait que je la revoie ainsi par la pensée. C'est fatigant. Plus de mémoire, depuis le collège, plus d'imagination... Je suis gâteux, mon cher, je suis gâteux, je vous assure.

SCÈNE XI

LES PRÉCÉDENTS, RENÉ, TRÉSEL.

René et le duc sont entrés par le fond, en fixant Thérèse.

VERDET, au marquis.

Votre fils... (à René, gentiment.) Bonjour, René. (shake-hand.) Monsieur de Trésel... (Il s'incline correctement.)

RENÉ, se jetant sur un pouff.

Je suis abruti... Toute l'après midi
passée au cirque à dresser une oie
récalcitrante... Vous verrez... elle
s'appelle Chichinette... Je suis par-
venu, en trois semaines, à lui faire
traverser de petits cerceaux... seulement, elle ne veut pas encore tirer
le pistolet. Il y a une ficelle, mais pas
moyen... Je n'en peux plus... A cinq
heures, un tour au cercle. On a taillé
un bac. J'ai pris une culotte de trois
cents louis. Maintenant le théâtre :
Le Mariage de Figaro. C'est idiot !
(A Trésel) Je vous accompagne, après çà,
mon cher, puisque vous êtes toqué de
cette comédienne et que vous avez
parié de jouer, au musicien amoureux,
un air... de votre façon... Je n'en puis
plus, je suis abruti, parole d'honneur!..

TRÉSEL

Pourquoi ne demandez-vous pas
conseil pour entraîner votre oie au
clown Pstévanu ? Il a bien dressé un...

SCÈNE XII

LES PRÉCÉDENTS, LYONNETTE.

VERDET

Ne dites pas quoi, Lyonnette le réclamerait... comme porte-bonheur.

RENÉ

J'aurai un vrai succès avec Chichinette.

LYONNETTE

Toujours votre oie... Le clown Pstévanu, monsieur le comte de Mauvieuse, Chichinette... tableau!... N'est-ce pas, vous, le peintre moderniste?

TRÉSEL, détaillant Thérèse.

Pas un seul défaut. Elle est vraiment très en formes...

LAUTREC, à Thérèse.

Le duc vous regarde.

RHODEL

Avec insolence. (Trésel salue.)

LAUTREC, *prenant son intonation de théâtre.*

Il s'est donné la peine de naître...

SCÈNE XIII

LES PRÉCÉDENTS, SCHAVYL,
BLANCHE AUBERT

SCHAVYL, *entrant par le fond avec Blanche.*

Voilà bien les comédiens : l'esprit d'autrui.

LAUTREC

Tu te répètes, mon cher. Voilà les journalistes : l'esprit de tout le monde.

BLANCHE AUBERT

A propos d'esprit, votre dernier livre a du succès.

SCHAVYL

Oui, pas mal. Le quatrième mille est en vente.

LAUTREC

Le troisième paraîtra ultérieurement?

RHODEL, *témoignant que le regard de Trésel l'offense
et qu'il ne peut se contenir.*

Lyonnette a quitté le prince. Il doit
être au petit foyer... Je vais le chercher.

LAUTREC, *ironiquement.*

Vous nous quittez?

RHODEL

Oui, je me déplais ici... Le marquis
est un galantin ramolli... le fils est
digne de son élève, l'oie Chichinette,
Blaise Verdet se faufile dans le monde
pour placer ses tableaux. Il dessine
les menus, les toilettes, est agréable
aux dames, fait les commissions
délicates des messieurs... il sait se
retourner... C'est le bouffon nouveau :
un groom qui peint.

THÉRÈSE

Et son élève, le prince de sang
royal?

LAUTREC

Ah! je suis allé, l'autre jour, le
voir. Le concierge m'a dit qu'il était
parti sans laisser d'adresse...

RHODEL, prêt à s'emporter.

Quant au duc...

THÉRÈSE, pour le calmer, affectueusement.

Vous êtes mon ami...

Rhodel sort par le fond.

SCÈNE XIV

LES PRÉCÉDENTS, moins RHODEL.

René s'est assoupi.

VERDET

Rhodel se dérobe... un rival, monsieur de Trésel, mais pas à craindre... Comme son violon, rien dedans.

LYONNETTE

Que de l'âme...

VERDET

Un tour dans la salle, marquis? Vous me présenterez à la belle comtesse de Rosemond... Je veux lui faire la cour.

LE MARQUIS

Volontiers. Elle est de mon temps.. (Il s'empare du bras de Verdet, et, après un silence, reprenant la conversation interrompue :) Oui, je suis gâteux, mon cher, je le sais, je me reconnais... (Ils sortent par la droite.)

SCÈNE XV

LAUTREC, THÉRÈSE, SCHAVYL, BLANCHE AUBERT, à gauche, **RENÉ**, assis à côté de **LYONNETTE**, à droite.

RENÉ, s'éveillant.

Je suis abruti, vraiment, je ne tiens plus debout. Chichinette me donne trop de mal... Pourtant, bien intelligente, mon oie... (Il se renverse encore mollement.) Je suis abruti... (Il se rendort.)

TRÉSEL, à Lyonnette.

Il finira comme Garrigal, qui, l'autre soir, est mort en valsant. La danseuse a fait encore un tour avec un cadavre dans les bras... D'ailleurs il s'est éteint à point. Il était au bout du rouleau.

SCÈNE XVI

LES PRÉCÉDENTS et SAVINEL, le banquier, qui arrive avec BÉRAUD, LA FOLATIÈRE et GONTARD.

BÉRAUD, montrant Thérèse du coin de l'œil.

Compliments, duc. (A René) Bonjour, René.

TRÉSEL, apercevant La Folatière qui rôde autour lui.

Quel est cet imbécile ?

LA FOLATIÈRE, bas à Béraud.

Présentez-moi, il m'a remarqué.

BÉRAUD

Monsieur le baron de la Folatière .
La Folatière s'incline profondément, le duc à peine.

GONTARD, à mi-voix.

C'est l'occasion qui fait le baron...

BÉRAUD, bas à La Folatière.

Maintenant, c'est fait... Surtout ne ratez aucune occasion de le saluer.

TRÉSEL, laissant ses amis, va vers Thérèse.

Vous répétez mistress Clarckson?

Schavyl, à droite, avec Blanche Aubert et Lautrec, tandis que Trésel emmène Thérèse dans le couloir du fond et semble lui parler, contre son habitude, avec une certaine flamme. — René est toujours assis et endormi. Savinel, Béraud, Lyonnette, Gontard, La Folatière, à gauche.

SCHAVYL, à Blanche et Lautrec,

La fleur de gomme!.. Cet éreinté... le blond chauve qui sommeille, le petit de Mauvieuse. Son père, le vieux qui est venu tout à l'heure avec Verdet, lui a prêté Alice Penthièvre pour faire son éducation... Vous connaissez Penthièvre?.. une drôlette, ébouriffée, très artificielle. C'est elle qui a inventé de remplacer les bas de soie par des chaussettes. C'est bien plus...

LAUTREC

Je suis de ses amis... Une « zutiste... »

SCHAVYL

Très répandue dans la noce, depuis le Prince. C'est une petite Gotha.

BLANCHE AUBERT

Oui, tout l'Almanach y a passé.

SCHAVYL

L'autre... Michel de Béraud. Ses plastrons sont épatants, ses souliers légendaires. Un habile; il refait les autres gommeux. Il a, l'été dernier, à Deauville, dans la semaine des Courses, lancé Louise Trémouille. Il l'a placée à La Folatière, gommeux de second rang, celui qui a l'air de ne pas savoir où se mettre.

BLANCHE AUBERT

Et celui qui parle au milieu du groupe?

SCHAVYL

Gontard? Le fils d'un marchand de savon et d'huile. Il est millionnaire et marseillais.

LAUTREC

Tu blagues les gommeux, toi qui l'es?

BLANCHE AUBERT

Il voudrait bien.

LAUTREC

Oui, ce n'est pas chic de gagner
sa vie.

SAVINEL, à gauche.

Pas possible? L'histoire est raide!

LYONNETTE, riant.

Alors... au bon moment?..

LA FOLATIÈRE, riant bruyamment.

Oh! J'aurais voulu voir ça.

BÉRAUD, avec brusquerie.

On n'éclate pas de la sorte...
froidement!

SAVINEL, allant vers Lautrec.

Comment va? (Il lui prend le bras.) Je
vous ai aperçu, aujourd'hui, avec le
ministre... (Ils sortent par le fond.)

BLANCHE AUBERT

Je monte dans ma loge.

SCHAVYL

Est-ce que je vous gênerais ?

BLANCHE AUBERT

Non. Vous ne comptez pas.

Ils sortent, également, par le fond.

SCÈNE XVII

THÉRÈSE et TRÉSEL, BÉRAUD, LYONNETTE, GONTARD, LA FOLATIÈRE, RENÉ, *toujours endormi.* — *Trésel tape légèrement sur son crâne chauve.*

RENÉ, *en sursaut.*

Chichinette !

GONTARD, *gravement, appuie son oreille contre la poitrine de René.*

Il doit y avoir une mécanique...

TRÉSEL, *revenant sur le devant de la scène avec Thérèse.*

Mais si vous n'obtenez pas le succès que vous désirez ?

THÉRÈSE

C'est décidé, je me tuerai.

TRÉSEL

Exagération de théâtre.

THÉRÈSE

Quelque chose, en moi, pourtant, crie que mon âme est artiste. Il faudra, je le veux, que mon rêve, encore impuissant, sorte de sa chrysalide et qu'éclatent, vers moi, les applaudissements... Je sacrifierais tout pour cette heure délicieuse.

LYONNETTE

Le duc est entrain de « faire » Thérèse... Laissons-lui du champ. (Elle entraîne les gommeux vers la gauche.)

GONTARD

Tu es complaisante.

TRÉSEL, à Thérèse.

Vous êtes découragée, abattue, démoralisée. Eh bien, je vous tends la main pour que vous puissiez arriver au succès entrevu... Vous aurez un hôtel à vous, (mouvement de Thérèse,) des chevaux à vous, des domestiques

à vous. Tous ceux qui, maintenant,
se moquent de la comédienne pauvre
s'inclineront devant vos équipages et
vos toilettes... devant votre talent,
aussi, développé par les leçons des
professeurs que vous choisirez, devant
votre beauté resplendissante. Allons !
Vous m'aimez ? Vous consentez ?..
Vous êtes à moi ? Tout sera à vous.

THÉRÈSE

Et votre cœur?

TRÉSEL

Naturellement.

SCÈNE XVIII

THÉRÈSE, TRÉSEL, ODEROFF
et RHODEL entrés depuis quelques instants.

RHODEL

Elle l'écoute...

THÉRÈSE à Trésel.

Pour gagner mon cœur, il fallait
me parler avec votre cœur.

TRÉSEL, à part.

Du sentiment!

THÉRÈSE apercevant Rhodel et, joyeuse, allant à lui.

Vous voilà. (Elle lui prend la main.)

TRÉSEL, à Oderoff.

Mes hommages, prince. C'est une
rare bonne fortune que de vous rencontrer. Vous vivez trop en sauvage.
On s'en plaint... Mais vous serez de
nos fêtes. (Montrant le groupe des gommeux.)
Mes amis. (Béraud, René, La Folatière et Gontard
saluent).

ODEROFF, souriant.

J'ai les miens.

TRÉSEL, plaisantant.

Des nihilistes?

ODEROFF

Je suis un mélancolique préoccupé

des malheureux qui, dans mon pays
surtout, végètent, sans pensée et sans
voix, sous le labeur inutile et la
souffrance inféconde... Mon existence
est retirée. Vous voulez bien le regret-
ter... C'est que, monsieur le duc, le
monde dont nous sommes, est trop
ouvert à ceux qui vendent leurs noms,
tripotent avec les bockmakers, quand
ce n'est pas avec leurs maîtresses ;
volent bijoutiers et tailleurs ; aux
capitans interlopes, aux viveurs à fonds
perdus, d'expédients distingués, d'es-
croqueries de bon ton ; aux aventuriers
de club, de sport, de boudoirs ; à tous
ceux, enfin, qui, en habit bien coupé,
exploitent la facilité des mœurs...
Une poignée de main devrait engager
ceux qui l'échangent.

TRÉSEL

Cela signifie ?

ODEROFF

Qu'on pourrait vivre avec élégance

et honneur ; que la décadence présente
fait songer à une nation disparue dont
le nom, lorsqu'on le prononce, ou lorsqu'on l'entend, s'accompagne, souvent, d'un sourire. Diplomates qui ne
font ni commerce, ni politique, mais
de la gomme pédante ou gâteuse ;
officiers gommeux qui désapprennent
l'uniforme, le peuple sans cesse agité, la
bourgeoisie indifférente à ce qui n'est
pas argent, intérêt direct ; la jeunesse
sans caractère et sans idéal, est-ce que
cela n'inquiète personne ?

TRÉSEL

Si, quelques ambitieux.

ODEROFF

Détestant l'approche des fripons...
qui se glissent parmi nous...et la fami-
liarité des filles, je ferais un maussade
compagnon de plaisirs. (Salut hautain.)
Veuillez m'excuser. (Allant à Rhodel.) Vous
venez, mon cher Rhodel ?

*Rhodel hésite un instant ; il interroge du regard
Thérèse ; elle reste impassible. Oderoff lui prend le bras
et l'emmène.*

SCÈNE XIX

THÉRÈSE, TRÉSEL, LYONNETTE, GONTARD, LA FOLATIÈRE, puis MONTAGNOL.

THÉRÈSE

Vous êtes silencieux... Est-ce que le discours du prince vous troublerait, messieurs.

BÉRAUD

Pas du tout, il a raison... Froidement.

LA FOLATIÈRE

On entre trop aisément dans notre monde.

LYONNETTE, à Montagnol qui entre.

Eh bien, que pensez-vous, cher maître, de la façon dont j'ai chanté la « romance à madame ? » (Elle chante.)
Auprès d'une fontaine...

MONTAGNOL

C'est gentil, mais pas assez ingénu... Vous n'avez donc pas d'ingénuité ?

LYONNETTE

Je l'ai perdue. (Indiquant Thérèse.) Voyez par là.

MONTAGNOL, à Thérèse

Je serais heureux de pouvoir causer quelques instants avec vous. J'aurais diverses observations... (Il emmène Thérèse sur le devant de la scène.)

LYONNETTE, aux gommeux.

Je ne suis pas du troisième. Venez tous dans ma loge... Ce serait mon tour, après, d'être professée.

Gontard fait le geste de tourner une manivelle d'orgue de barbarie.

RENÉ, à Trésel.

Çà y est-il ?

TRÉSEL

Il faudra des phrases.

Ils sortent derrière Lyonnette.

SCÈNE XX

THÉRÈSE, MONTAGNOL

MONTAGNOL

Je n'ai qu'un mot à vous dire.

L'entr'acte va finir et je regagne mon fauteuil... Vous avez du tempérament mademoiselle, beaucoup de tempérament. Il vous manque, toutefois, l'habitude de la scène... Mais venez me voir, je vous expliquerai mieux... dans l'intimité... vous me plaisez ; je m'intéresserai à vous... venez me voir...

THÉRÈSE, rêveuse.

Je dois écouter la critique. Cela s'appelle ainsi, je crois.

MONTAGNOL, bonhomme.

Certainement, certainement. Venez me voir... (Il sort par la droite, tandis que Savinel vient par le fond.)

SCÈNE XXI

THÉRÈSE, SAVINEL, puis LAUTREC

SAVINEL

Je puis vous dire enfin, mademoiselle, combien votre beauté m'a touché. Je serais ravi si vous me

comptiez au nombre de vos adora-
teurs... Savinel, le banquier.

THÉRÈSE

Mais, monsieur...

L'ANNONCIER, dans la coulisse.

On va commencer!

SAVINEL

Une autre fois, nous causerons
mieux... Je retourne dans la salle.
(Bonsoir, de la main, à Lautrec qui entre.)

SCÈNE XXII

THÉRÈSE, LAUTREC, SCHAVYL et BLANCHE AUBERT,

LAUTREC, voyant Thérèse seule.

Eh bien, ma petite, quand seras-tu
gentille ?... Tu veux, j'espère, m'avoir
pour ami ?

THÉRÈSE, l'interrompant.

Tous pareils... à des chiens!.. Que
faire? Qui me soutiendra? Je ne sais
plus...

LAUTREC

Alors tu ne veux pas?... Tu es une niaise, oui! Si tu veux rester au théâtre...

BLANCHE AUBERT, dans le couloir du fond, à Lautrec.

C'est le moment d'entrer en scène.

LAUTREC, parlant, à Thérèse, et s'en allant.

... il faut ménager les puissances.

SCHAVYL, arrivé avec Blanche.

Qu'a donc Lautrec? Il n'a pas l'air content... (S'approchant de Thérèse.) Vous êtes merveilleusement belle, ma chère...

THÉRÈSE

Laissez... je veux être seule.

SCHAVYL, continuant.

Oui, vous n'êtes pas une de ces petites actrices... une de ces fleurs parisiennes, étiolées sous le gaz et la lumière électrique... (Comme elle ne semble pas écouter.) Venez me voir au journal. (Il sort par la droite.)

SCENE XXIII

THÉRÈSE, puis TRÉSEL.

THÉRÈSE, debout au milieu de la scène, dans une
attitude de profonde mélancolie.

Ç'est là le courant parisien. Pourquoi me révolter contre sa force infinie
et subtile... Je ne me reconnais point.
Suis-je bien la même qu'il y a un an?
Je me sens prise dans le tourbillon...
il m'enveloppe... Rhodel ne m'aime
pas, car il aime mon corps et non pas
mon destin. Il me veut à lui, rien qu'à
lui, sa femme, sa servante. Adieu,
mes désirs! Plus de revanche! Adieu
théâtre, succès dans lequel on doit
vivre davantage... Personne qui me
parle et me sourie. Personne que je
puisse aimer!... Les filles pauvres
s'avancent, dans la vie, entre deux
rangées d'hommes; elles voient toutes
les mains tendues pour les faire
tomber, pas une pour les secourir...
Le duc? Oui... Est-il sincère?

TRÉSEL, venant par le fond, doucement.

L'amour prend tous les déguise-
ments. Me repousserez-vous parce que
je suis riche !... Ecoutez, je mets tout
à vos pieds. Ma passion en est-elle
moins profonde ? (Cherchant des phrases avec
un effort visible.) Ayez confiance. Mon
amour sert votre ambition. Vos rêves
deviendront les miens, et vos chimères
seront mes petites protégées. Je vous
aime. Je l'ai souvent entendu et jamais
ne l'ai dit. Je vous le répète, à vous.
Je vous aime; soyez à moi... C'est
l'amour (cherchant) éternel...

THÉRÈSE, songeuse.

L'amour éternel...

TRÉSEL

Oui, ma vie est à vous. Ne l'ai-je
point exposée pour vous... Je vous ai
aimée de tout temps. (Voyant une série de mots.)
Autrefois, aujourd'hui, à jamais...
Vous êtes celle que j'attendais...
(Il est à court.) Je le jure !...

THÉRÈSE

C'est un serment? Un mot de moi
qui consente et je deviens vôtre.

TRÉSEL

Oui, un serment.

THÉRÈSE

Je n'ai qu'une parole et je n'aime
qu'une fois.

TRÉSEL, prenant la taille de Thérèse très émue par
sa décision.

Vous pleurez?..

(Premier baiser.)

TROISIÈME ACTE

La Liquidation

Un grand salon dans l'hôtel du duc. Aménagement artistique; bronzes, tapisseries, verdures, bibelots; aspect très élégant. — A gauche, porte ouvrant sur l'escalier principal; un piano. — A droite, autre porte. Aux murs des tableaux, le portrait du père du duc. — Souper servi. — Au fond, large baie ouvrant sur perron et jardin; de chaque côté, une panoplie. — Sous la marquise, une lanterne en fer forgé.

SCÈNE PREMIÈRE

MICHEL, donnant la dernière main aux préparatifs.

Ça va bien... Ça va bien... (Il le fredonne.) Me voilà depuis tantôt quatre mois le valet de chambre du duc de Trésel. Ce n'a pas été sans peine. (Il se regarde avec complaisance.) Mes mollets ne sont pas très gras; en revanche,

ma cervelle israélite me fait cueillir
volontiers les idées qui courent et
les louis qui traînent... Oh! je ne vole
pas; c'est bon pour les imbéciles.
Pourquoi volerais-je?... Je gratte, et
quand j'aurai gratté, je ferai des
affaires comme M. Savinel... Quoi
d'impossible à cela? Qui peut savoir
d'où sort ce banquier qui chipe un
million comme je gagne un cigare?...
On dit que le duc va épouser sa fille.
Un peu à sec, le petit. (Il allume les
flambeaux.) C'est une pauvre bougie
brûlée presque jusqu'au bout; il ne
lui reste plus que sa couronne, comme
à la bougie sa bobèche... Qui aurait
pu croire? Il a simplement, en face,
loué à sa maîtresse un petit hôtel de
deux mille francs. Et elle lui obéit;
comme une chevrette, le suivant où
il lui plaît, dans les endroits de fête,
avec sa bande de gommeux et de
cocottes; et dans les cabarets de nuit,
aux courses, au spectacle, au cirque,
partout chacun admire comme elle

est bien apprivoisée, la comédienne
sauvage... (Se regardant encore de la tête aux
pieds.) On change à Paris... Je l'aime
bien, après tout, Thérèse Raïa; c'est
un tort, je le sais; mais c'est le sort
des pauvres hommes de s'attacher
ainsi à des choses qui ne rapportent
rien... Comme je crains que le duc ne
soit prêt à l'abandonner, je veille...
Un duc, joli pour un début. Mais
M. Savinel la convoite; il m'a chargé
de ses intérêts amoureux. (Expliquant.)
Le banquier donnerait sa fille avec
quelques millions à monsieur, dont
il prendrait la maîtresse. — Oh!
prévenance paternelle! (Il va voir sur le
perron si personne ne vient.) Les invités de
monsieur ne vont pas tarder à arriver... Il y a un grain dans l'air, je le
sens, depuis deux semaines. Enfin, je
suis là pour la protéger... en dessous...
pour qu'elle soit heureuse, riche,
triomphante. (Avec une satisfaction de ses bons
sentiments). Mon bonheur, à moi, ne
sera pas complet sans le sien. (Il s'assied

sur une chaise à califourchon.) Si je n'avais
point pour elle cette affection stupide,
à quoi ne parviendrais-je pas?... Le
duc est harcelé par ses créanciers et
on ne sait pas ce qu'il y a à glaner
chez un gommeux de grand nom
couvert de dettes... C'est moi qui
chicane avec les fournisseurs. Pourquoi ne nous entendrions-nous pas,
quand ils sont intelligents? Le premier
sac amassé, je bricolerai à l'hôtel des
Ventes, je jouerai à la Bourse... Dans
dix ans, j'achèterai un journal. J'en
serai rédacteur en chef, pour aller
dans le monde... Il y a des exemples.

SCÈNE II

MICHEL, SAVINEL

SAVINEL, venant par le fond, frappe sur l'épaule de
Michel.

Eh bien! quoi de nouveau?...
(Michel, vite, se dresse et salue humblement.) As-tu
dit à ta maîtresse les inquiétudes que

tu as pour elle au sujet de M. de
Trésel? Lui as-tu dit qu'elle pourrait
être quittée... et que je suis son ami?

MICHEL

J'ai dit à madame ce que monsieur
désirait.

SAVINEL

Et?...

MICHEL

Madame a ri beaucoup.

SAVINEL

Vraiment?

MICHEL

Oui, monsieur, comme une folle...
Alors, sur un signe d'elle, je suis
sorti, et, resté une minute à la porte,
pour servir monsieur, j'ai entendu
madame pleurer.

SAVINEL

Qu'est-ce que tu penses de cela?

MICHEL

Je pense que je ne comprends plus
rien à madame depuis quelque temps.
Parfois, elle aime le bruit, elle est

contente, puis, à d'autres moments, elle est rêveuse, elle ne veut voir personne ; avant-hier, elle a passé deux heures à faire de l'escrime avec moi, ce qui ne lui était pas arrivé depuis notre pays... On aurait cru qu'elle voulait revenir vers le passé ; elle m'a rappelé nos courses à cheval, la vie libre d'autrefois ; on aurait cru qu'elle voulait se fatiguer, les armes à la main, assez pour n'avoir plus la force de réfléchir.

SAVINEL

Alors, pas d'espoir ?

MICHEL

Si... Elle sera à la « coule », elle est trop sur la pente.

SAVINEL, choqué.

Tu dis ?

SCÈNE III

SAVINEL, MICHEL, TRÉSEL

TRÉSEL

Vous causez avec mon domestique ?.. Ne vous dérangez pas.

MICHEL

Monsieur m'ordonnait d'aller annoncer son arrivée à monsieur. (Il sort.)

SCÈNE IV

TRÉSEL, SAVINEL

TRÉSEL

Vous êtes seul? J'aurais supposé que vous viendriez avec Esther... pour enterrer...

SAVINEL

Votre vie de garçon?

TRÉSEL

Oui... Je vais donner à Thérèse son congé, ce soir. Ma résolution est bien arrêtée. Comment l'exécuterais-je?... Le hasard m'aidera. Elle aurait dû comprendre qu'elle m'ennuie, qu'elle m'agace, que je ne puis pas vivre plus longtemps de la sorte. Elle a les yeux fermés pour ne pas voir que je l'ai assez affichée et qu'elle

doit se tirer d'affaire... car, vous
avouerez, on ne peut pas être mieux
lancée...

Compliments, cher ami... Quant à
moi, Esther Chatam ne me trompe
plus; elle est libre. Je lui ai appris
gentiment que c'était fini. Il y a eu un
peu d'émotion. Mais je lui ai offert un
joli carnet en souvenir de moi, et,
très tard, ce matin (après nous être
assez prouvé que nous ne nous en
voulions pas), nous nous sommes
serrés la main.

Vous n'êtes pas un homme aimé
des femmes.

Si je me compare à vous...

Ah! je ne m'en vante pas!
Comment me débarrasser de cette
petite? J'ai assez des roucoulements
et des idylles. Elle m'a adoré quatre

mois complets ; j'avoue que je ne peux
pas plus... Au reste, j'ai l'intention,
vous seul le savez encore, de faire une
fin, mon cher Savinel. Nous nous en
sommes vaguement entretenus déjà.
J'estime qu'un galant homme doit,
avant de commencer une nouvelle
vie, liquider le passé.

SAVINEL

Je serai le banquier chargé de la
liquidation. n'est-ce pas, mon gendre ?

TRÉSEL

Vous êtes pressé... Certes, il n'est
pas commode, le sacrifice que je vous
fais. Thérèse est pétrie d'une autre
chair que toutes les petites belles.
Tant pis ! Elle se pliera à ce caprice
comme elle s'est pliée aux précé-
dents... Elle comprendra qu'une fille
de théâtre ne meurt pas d'amour, mais
qu'elle en peut vivre.

SAVINEL, ironiquement.

C'est infect !

TRÉSEL, qui n'a pas saisi.

Parbleu, oui! c'est infect de me cramponner comme si j'étais sa ressource suprême...

SCÈNE V

TRÉSEL, SAVINEL, LYONNETTE, MICHEL et BÉRAUD

MICHEL, annonçant.

Monsieur de Béraud, Madame Lyonnette.

TRÉSEL

Comment va, cher?

BÉRAUD

Froidement.

TRÉSEL, à Lyonnette.

On gagne, Lyonnette, dans votre charme, dans votre rayonnement. C'est très gracieux à vous d'être venue.

LYONNETTE

J'aime assez les exécutions.

SCÈNE VI

LES MÊMES, ALICE PENTHIÈVRE, RENÉ

MICHEL, annonçant.

Monsieur le comte de Mauvieuse, Mademoiselle Penthièvre.

SAVINEL, sur le devant, bas à Lyonnette; Béraud, Trésel, Penthièvre, René font un autre groupe.

Comment, Lyonnette, c'est un de tes amants, ce pauvre Béraud?

LYONNETTE

Non... S'il l'a été, je ne m'en souviens plus... Mais il accompagne très bien.

SAVINEL

Puis, il a de belles relations.

LYONNETTE

S'il peut vous servir?...

SCÈNE VII

LES MÊMES, GERMAINE DE
ROSAY, LOUISE TRÉMOUILLE,
GONTARD et LA FOLATIÈRE.

MICHEL, annonçant.

Monsieur et Madame de la
Folatière, Monsieur et Madame
Gontard.

GONTARD, à Michel.

Je vais te boxer, toi, si tu fais des
blagues. Tu sais que j'ai tombé le
nègre, l'an dernier, à la foire de
Neuilly... (Avec une tournure de boniment.)
Mesdames et Messieurs, j'ai l'honneur de vous annoncer le maringe
civil de monsieur le baron de la
Folatière avec Louise Trémouille,
femme bien accueillante... Ce n'est
pas une femme, c'est une rue... et de
Gontard, gentilhomme marseillais
avec Germaine de Rosay, horizontale
de grande marque. — L'union a été
célébrée hier par Auguste, de l'Hippo-

drome, ceint d'un cerceau tricolore; la noce, après déjeuner, a fait, en voiture de gala, le tour des grands boulevards et du lac... J'ajouterai, Mesdames et Messieurs, que le divorce est proche.

TRÉSEL, bas, à Béraud.

Il ne se décrassera jamais bien, ce fils de marchand de savon.

BÉRAUD

C'est peut être le savon qui ne vaut rien.

ALICE PENTHIÈVRE, à Trésel.

Présenterons-nous bientôt nos compliments à Thérèse?

LOUISE TRÉMOUILLE, grosse belle fille.

Oui, il commence à faire une vraie faim.

TRÉSEL

Michel, préviens madame que nous l'attendons... Tu aurais dû l'avertir déjà.

MICHEL

Madame a reçu tantôt la visite de
sa tante... qui n'est pas encore partie.

TRÉSEL

Que vient-elle faire ici ?... On lui
a donc écrit ?

MICHEL

Oui, monsieur le duc. J'ai trouvé,
ce matin, deux lettres sur une table.
Je les ai portées à la boite; l'une était
adressée à la tante de madame. C'est
sans doute pour cela...

TRÉSEL, d'un ton indifférent.

L'autre lettre, à qui?

MICHEL, hésitant.

Je ne me rappelle pas la suscription.

TRÉSEL

C'est bien. Qu'elle se presse!...
(Michel sort). A table, mesdames.

ALICE PENTHIÈVRE, à René, pendant que chacun
s'installe.

Je ne veux pas être près de vous.

RENÉ

Oui... vous ne m'aimez pas.

ALICE PENTHIÈVRE

Je ne vous aime pas assez; mais je
vous aime beaucoup.

Tout le monde s'assied. La place d'honneur reste libre
pour Thérèse Raïa qui aura ainsi, à sa droite : Béraud,
Louise Trémouille, la Folatière, Lyonnette; et, à sa
gauche : Savinel, Alice Penthièvre, Gontard, René,
Germaine de Rosay; en face, le duc, tournant le dos
aux spectateurs.

SCÈNE VIII

LES MÊMES, THÉRÈSE

THÉRÈSE

On n'a pas jugé bon d'attendre
mon arrivée pour prendre place.
(Comme Trésel ne répond pas, avec une gaîté forcée.)
Je voudrais me griser ce soir. (Tendant
son verre au duc, qui le lui emplit.) Merci, mon
cher roi.

BÉRAUD

Roi de gomme, ou roi de cœur ?

TRÉSEL

Roi de cœur, non, surtout d'un seul.

THÉRÈSE

Et vous avez raison, car l'existence est courte. Il faut aimer beaucoup et, pour un homme d'esprit, c'est aimer partout.

ALICE PENTHIÈVRE

Quand elle a une fois jeté son bonnet par dessus les moulins, la jolie fille doit faire comme eux, tourner à tous les vents.

LOUISE TRÉMOUILLE

Moi, j'adore les moulins, surtout de la galette.

GONTARD

Veux-tu ce morceau de dinde truffée?

THÉRÈSE

L'amour éternel est un mythe. Est-ce votre avis à tous?

TOUS

Oui.

TRÉSEL, redisant après les autres.

Oui.

THÉRÈSE

Je porte donc un toast à l'amour gommeux, à l'amour fantaisiste, échappé des sens, sur les lèvres, en paroles légères ; à l'amour capricieux, confondant en un même dédain la Vierge qui s'est livrée ardemment dans l'exaltation de sa jeunesse et dans sa foi confiante, la mondaine pécheresse, comme les filles à l'encan... A l'amour qui rit! Au baiser qui passe !

LYONNETTE

A l'amour qui rit.

SAVINEL

Eh bien, duc, à vous.

TRÉSEL, timidement

Au baiser qui passe.

THÉRÈSE

Voudriez-vous boire dans cette coupe?

TRÉSEL, craignant soudain que ce soit du poison.

Vous êtes folle.

THÉRÈSE

Et vous... prudent... Déjà vous n'osiez pas me regarder. Ne craignez rien... Au mépris qui passe ! (Elle boit.)

GERMAINE DE ROSAY, qui s'amusait à déboucher une bouteille de champagne et semblait en caresser le goulot d'or.

Mépris avalé... (Le bouchon saute, elle précipite ses lèvres sur la mousse qui jaillit.)

BÉRAUD

Est à moitié pardonné.

LA FOLATIÈRE

Des gros mots !... Tiens ! ô petite bouche !(Il embrasse Louise Trémouille. Béraud lui fait signe qu'il ne sait pas se tenir)

TRÉSEL, se levant.

On ne peut pas blaguer... Moi j'ai soupé.

GONTARD, tragiquement, avec un léger accent méridional.

Quand Auguste avait bu, la Pologne était ivre.

LOUISE TRÉMOUILLE

Ah non! tu nous embêtes avec ton clown de l'Hippodrome !

GERMAINE DE ROSAY

Du champagne ! Je veux du champagne frappé.

MICHEL, versant du champagne.

Est-ce que madame trouve qu'il y a assez de glace ?

ALICE PENTHIÈVRE, se levant.

Puisqu'il n'y a pas moyen de causer en plaisantant, je propose une chanson : *Le p'tit cadeau.* (A René.) René, voulez-vous m'accompagner au piano ?... C'est nouveau, mais pas difficile.

LYONNETTE

La musique adoucit les mœurs.

ALICE PENTHIÈVRE. Elle chante.

Dans la Bible, on raconte
que Booz, vieux Géronte
et bonhomme fort laid,
à Ruth donna deux gerbes
pour l'avoir pris' dans l'blé,
sous les étoil' superbes.
Quand Booz paya Ruth,
Booz était très pschutt.

Si tu veux qu' ça s'ajuste,
       Auguste !
alors, — tu seras beau, —
fais-moi ton p'tit cadeau !

GONTARD, assis à droite sur un pouf, les jambes
allongées.

C'est babahissant !

ALICE PENTHIÈVRE. Elle continue.

Cette bonne coutume
a cours sur le bitume,
et dans tous les boudoirs ;
il faut que l'homme flanque
aux baisers, blonds ou noirs,
les gais billets de banque.
Car l' cœur est r'connaissant
d'un respectabl' présent.

Toutes les femmes, sauf Thérèse, reprennent le
refrain en chœur, sans toutefois être trop bruyantes ;
les hommes choquent les verres et les couteaux ou
frappent sur la table ; Gontard bat la mesure.

Si tu veux qu' ça s'ajuste,
       Auguste !
alors, — tu seras beau, —
fais-moi ton p'tit cadeau !

ALICE PENTHIÈVRE

Qui lance le dernier couplet?...
Germaine, tu le connais ?

LE P'TIT CADEAU
MUSIQUE DE SERPETTE

LE P'TIT CADEAU

...tait très pschutt. Si tu veux qu'ça s'a _ juste, Au _ gus _ _ _ tel Si
tu veux qu'ça s'a _ juste, Au _ gus _ _ _ tel A _ lors, tu se _ ras
beau, fais - moi mon p'tit ca _ deau! fais - moi, fais - moi, fais-
_ moi mon p'tit ca _ deau, fais-moi mon p'tit ca _ deau!

GERMAINE DE ROSAY

Beaucoup de fill' honnêtes
épous'nt de bonnes têtes,
à cause de leurs argents;
il l' sait, Robert Notaire.
en mariant les gens,
qu' l'amour est une affaire.
Il est, messieurs, un don
dans la faridondon.

Même jeu qu'après le second couplet.

TOUTES LES FEMMES

Si tu veux qu' ça s'ajuste,
        Auguste!
alors, — tu seras beau, —
fais-moi ton p'tit cadeau!

En terminant, nouveau petit tapage.

SAVINEL, à Thérèse.

Je vous en prie, consentiriez-vous à nous faire entendre un chant de votre pays?... Ce qu'il vous plaira...

THÉRÈSE

Volontiers. (Elle prend le bras de Savinel et fait le tour de la table par devant.) Seulement je préviens que c'est un peu mélancolique.

LOUISE TRÉMOUILLE

Ça s'appelle?

THÉRÈSE

Complainte tzigane.

Tous prennent des figures de circonstance. Savinel reste près de Thérèse. Elle chante.

Un soir d'hiver et de soleil,
quand j'étais petite, ma mère
me dit une chanson amère
qui, la nuit, troubla mon sommeil :

(Le jardin s'éclaire de rayons de lune).

« L'idéal fuit. Roi sans escortes :
celles qui croyaient au bonheur,
à l'amour, dans le déshonneur,
sont mortes. \

COMPLAINTE TZIGANE
MUSIQUE DE MASSENET

COMPLAINTE TZIGANE

_mour Dans le dés_hon_neur sont mor_ _tes!
Plus de bai_sers,
puis_que les forts, les sol_dats qu'un de_voir en_le_ve_ Les po_ë_tes, prin_ces du rê_ve, Sont

dim.
morts!
p
f long.
p
rapid.
pp
La nuit tran.quille   ou.vre ses por.tes.   Les
pp
f
rapide.
f
jeu.nes hé.ros   glo.ri.eux   sont   morts: Les
p
f
p
rapide
f
Plus lent.   avec un sanglot.
dim.
vierges aux doux yeux sont mor.   .   .   tes!
pp
dim.
pp   dim.
rapide.
7

Plus d'amoureux, puisque les forts,
les soldats qu'un devoir enlève,
les poètes, princes du rêve,
        sont morts.

La nuit tranquille ouvre ses portes :
les jeunes héros glorieux
sont morts ; les vierges, aux doux yeux,
        sont mortes ! »

Un nuage. La clarté disparaît.

TRÉSEL, à Gontard qui se promène majestueusement.

Qu'est-ce que tu fais-là, pitre ?

GONTARD, ironique.

Le duc de Trésel m'a tutoyé. Si j'avais mon chapeau, je me couvrirais... Je fais, mon cher, l'inspecteur des pompes funèbres qui marche toujours, dans la rue, comme s'il précédait un enterrement.

Tous les convives ont quitté la table. Louise Trémouille et Germaine de Rosay jasent doucement ; elles semblent dire que ce n'est pas drôle du tout. Alice Penthièvre donne un coup d'œil, devant une glace ancienne, à sa toilette et met une mantille avec l'aide de René. Le duc, très ennuyé, cause dans le fond, avec Lyonnette qui tente de le faire rire. Thérèse, qui a fermé le piano, accoudée dessus, paraît ne rien voir et ne rien entendre.

— Pendant que deux domestiques enlèvent la table, par la porte de droite, Savinel parle à Michel; sur le devant de la scène, à droite, Gontard, la Folatière, Béraud.

SAVINEL, choisissant un cigare dans une boîte que Michel lui présente.

Ta maîtresse, ce soir, est étrange. Pour qui la seconde lettre que tu as portée?... Prends ce billet...

MICHEL, empochant le billet.

Je remercie monsieur. Mais monsieur aurait-il la bonté de faire, pour moi, avec cette couverture, une « betite » opération. — Monsieur liquiderait fin courant.

SAVINEL

Pour qui la seconde lettre?

MICHEL

La première était fermée. Quant à l'autre, décachetée, elle était datée de trois jours, et adressée à M. Rhodel... un artiste... Il semblait qu'elle l'eût oubliée, après l'avoir écrite. Deux lignes, d'une large écriture; je les

sais par cœur: « Mon ami, je suis
triste. Est-ce que vous m'aimez
encore, vous? » J'ai mis cette lettre à
la poste.

Savinel allume son cigare et rejoint Alice Penthièvre.

BÉRAUD

Oui, comme vous dites, il y a de
la brouille. Le duc quitte sa maîtresse... Idée bizarre de nous inviter
à cette fête noire!

GONTARD

Pourquoi pas? Vous avez été du
lendemain de la première nuit... la
fête rose. Pour moi, si je puis avoir
Thérèse, quand ce sera fini, je lâche
l'autre avec entrain... Un peu lou-
foque, mais épatante!...

LA FOLATIÈRE

Doucement. Je pose ma candi-
dature. V'lan!

GONTARD

Soit. Parions mille louis que je
serai le second.

ALICE PENTHIÈVRE, silhouette fine, exquise modernité, debout sur le perron.

Ne vous agrée-t-il pas, messieurs, de fumer, en nous promenant, dans le jardin?... (Sur un ton de gentille exagération romantique.) La nuit d'avril est embaumée sous un ciel plein d'étoiles.

SCÈNE IX

THÉRÈSE, SAVINEL

SAVINEL à THÉRÈSE qui, sortant de sa méditation se dirige vers le jardin.

M'accorderez-vous quelques instants? (Elle passe à droite et, s'asseyant, fait signe qu'elle écoute.) Vous êtes dans une crise; permettez-moi de vous parler en ami sincère. Peut être le duc ne vous apprécie plus comme il le devrait. Il est gâté par le succès de ses élégances, de la mode qu'il crée, de la redingote et du pantalon clair avec lesquels il s'est montré le premier, au cirque, de l'unique bouton d'or de sa chemise,

du nœud de sa cravate et du diamant
qui le retient; il est grisé par la
célébrité boulevardière du cheval
qu'il essaie et que les journaux
portraiturent, par les échos des
reporters mondains qui chantent sa
gloire en mauvais français; il est
enivré par le triomphe de son chic;
il voit trouble et s'il n'aperçoit pas,
auprès de lui, le bonheur dans ce qu'il
a de plus aimable, pardonnez-lui, car
il ne sait ce qu'il fait. Mais, soyez
confiante pour l'avenir; beaucoup,
parmi les plus cotées, envieraient
votre position. (Mouvement de Thérèse.) Ne
frissonnez pas. Vous êtes adorable;
vous avez débuté, bruyamment,
comme artiste et comme femme; vous
êtes dans le printemps de votre
jeunesse, dans l'épanouissement de
votre beauté neuve; vous commandez
la mode, aussi, enfant terrible et délicieuse. Vous avez du montant délicat,
de la finesse, de la distinction, —
comme une envolée supérieure de

l'esprit : votre charme est pimenté, exquis, avec je ne sais quoi de sauvage...

THÉRÈSE

Vous me voulez?

SAVINEL

... Du bien. Rien que du bien... Je ne possède pas un grand nom; je m'appelle Savinel, Savinel le banquier, à qui il arrive de faire, à son gré, la hausse ou la baisse. J'ai assez d'estomac; il en faut, à la Bourse... Mademoiselle, tel que je suis, un peu gros, voulant tout ce qui peut vous plaire, pouvant l'essentiel dix fois comme le duc, je m'intéresse à vous. (Il se penche presque à genoux.) Si vous changez d'ami, je vous demande, en grâce, la préférence.

THÉRÈSE

Relevez-vous et parlons net... Oui, c'est cela. Vous êtes jolie, vous êtes

artiste, vous êtes complète, vous êtes
désirable... Combien, pour humilier
votre âme dans la même offrande que
votre corps, votre façon de talent
comme votre beauté?... Vierge, j'ai
su me garder contre tous, tant que je
n'ai pas aimé; chacun de nous, une
épée au poing, je suis sûre de vous
tuer; enthousiaste d'art, j'écoute en
moi, souvent, des chansons que
doivent seuls entendre les poètes...
Combien? Le tarif?... J'ai choisi un
maître et je l'ai aimé. Combien pour
éloigner cet amour?... Combien pour
ton honneur qui proteste? Combien
pour ton cœur qui se soulève?

SAVINEL

Vous êtes une énigme.

THÉRÈSE

Non. Je me suis trompée. J'ai été
folle, un soir... Pourquoi n'auraient-
ils pas été vrais, les serments d'amour?
J'ai été enivrée par ses paroles
brûlantes. Vous ne pouvez pas savoir...

Une comédienne ne naît pas en une
heure. J'apprendrai le métier du
théâtre, j'étudierai et, avec le temps,
on applaudira mes efforts par le
travail, enfin, réalisés... En attendant,
la vie de fille! et vous avez pu me
parler comme vous avez fait. Je
manque de courage... Cinq ans, dix
peut-être, de honte à traverser, l'art
est au bout... Je ne peux pas!... Je
ne peux pas!...

SAVINEL

Vous n'atteindrez pas le succès
sans patience.

THÉRÈSE

J'aurais la patience d'étudier les
maîtres et la nature; je ne me plaindrais point de ne pas acquérir tout de
suite leurs secrets et ce que les plus
illustres n'ont obtenu qu'à force de
ténacité. Seulement, je n'ai pas le
courage de vivre d'opprobre et de
dégoût, comme le destin parisien m'y
oblige, pour toucher au but rêvé...

Sois énergique, pourtant, il le faut!
Mes yeux, chercheurs d'idéal, doivent
voir la prostitution de tout mon être.
Une âme orgueilleuse, ignorante de
la galanterie, pimente les abandons.
Sois vaillante! L'ambition d'une
comédienne est une fleur rare qui
pousse dans un vase précieux, plein
de fumier. (Égarée dans sa pensée.) A l'amour
de tous, mes lèvres! (Elle fait le geste de les
essuyer.) Mes épaules, ma chevelure!
(Elle retire une épingle; ses cheveux se déroulent en
luxuriante toison.) Mes seins, mon corps :
(Les bras à peine étendus, comme on représente les
vierges.) Pour qui me veut, me voici,
toute nue...

ALICE PENTHIÈVRE, chantant, au fond du jardin,
   pendant que Savinel s'approche de Thérèse et lui
   prend la main, doucement.

> *Si tu veux qu' çà s'ajuste,*
> *Auguste,*
> *alors, — tu seras beau, —*
> *fais-moi ton p'tit cadeau.*

SAVINEL, croyant qu'elle cède à ses désirs.

Vous revenez, enfin, à la raison.

THÉRÈSE, se reculant.

Sortez!... (Se ravisant.) Non, je ne
suis pas chez moi... mais vous me
faites peur... (Harmonieusement.) Nous ne
pouvons nous comprendre. Je suis
une fille farouche venue d'un pays un
peu barbare; j'ai grandi, selon ma
fantaisie, ayant pour exemples, dans
la montagne, l'indépendance, des
torrents et, dans le ciel, la virginité
des étoiles. J'ai des paysages ignorés
plein les yeux et des chimères plein
la tête. Je crois à l'amour ineffable,
joyeux comme du soleil; je crois aux
frissons du beau; je crois à la gloire
des vainqueurs de l'art comme à la
majesté des héros; j'ai cru au bonheur;
j'espère qu'il existe quelqu'un de très
grand et de très bon pour pardonner
à ceux qui meurent d'un mirage
d'infini... Vous, au contraire, vous
doutez de tout, sauf de la puissance de
l'argent. Vous êtes un banquier et
vous achetez les préjugés... Compre-
nez-vous pourquoi vous êtes un galant

homme et pourquoi vous me faites mal?... Je ne vous en veux pas.

SCÈNE X

SAVINEL, BÉRAUD, GONTARD, THÉRÈSE, TRÉSEL, ALICE PENTHIEVRE, LA FOLATIERE, LYONNETTE, GERMAINE DE ROSAY, LOUISE TREMOUILLE, RENÉ.

LYONNETTE

Félicitations. (On entend des rires.) Ce n'a pas été lugubre, pour un enterrement. (Ils entrent tous).

GONTARD

Sarpejeu! M'est avis que Savinel nous coupe l'herbe.

LA FOLATIÈRE

Possible qu'il la coupe. J'en mangerai...

GONTARD

Vous en êtes capable.

GERMAINE DE ROSAY, à Gontard.

Si on filait?

TRÉSEL, fort à Savinel.

C'est pour vous que madame a dénoué ses cheveux?

LYONNETTE, à Thérèse.

J'aurai le plaisir de vous voir, demain, à la répétition. (Ironiquement.) Je vous salue, mistress Clarkson.

BÉRAUD

Froidement. (Il s'incline et sort ,avec Lyonnette.)

SCÈNE IX

GONTARD, ALICE PENTHIÈVRE, THÉRÈSE, TRÉSEL, SAVINEL, LA FOLATIÈRE, GERMAINE DE ROSAY, LOUISE TRÉMOUILLE, RENÉ.

TRÉSEL

C'est une confiance naïve de vous livrer ce rôle et un aplomb monstre de l'accepter... Enfin, vous prenez autant de leçons qu'il vous plaît... Je souhaite qu'elles vous profitent... Mais, ma chère, vous les avez déployés pour Savinel; je crains fort qu'en fait de talents, vous n'ayez que vos cheveux.

THÉRÈSE

Vous m'outragez!... ò roi des gommeux, plus vil qu'une fille, sans souci de ce qui est noble et divin, n'ayant que l'ambition de paraître, de conduire de beaux chevaux, d'avoir une maîtresse qui vous lance... qui vous pose!... Je parle comme vous m'avez appris... Vrai, à présent, je vous hais bien; mais je vous méprise encore davantage, — et vos compagnons, — car vous êtes de fiers drôles! Vous n'avez ni intelligence, ni volonté, ni esprit, ni cœur, ni simplement la bravoure des nerfs; vous êtes... *de la gomme*... flasque et malpropre! Vous paradez sur des bêtes de haut prix... Béraud, votre ami, monte pour les

vendre, les chevaux d'un marchand
de la rue du Colisée... Vous méprisez
dans Gontard, la seule chose qui
l'honore : le travail de son père. Vous
êtes, la plupart, des complaisants de
boudoirs et des fripons de cercles ;
vous exercez des missions anonymes ;
vous êtes, avec l'insolence de vos
titres et de votre luxe.... souvent
faux !... les familiers de toutes les
turpitudes. Trempés d'infamie, vous
pratiquez des métiers inavoués, et vos
consciences sont pleines de mystères
crapuleux. Vous êtes de la gomme !...
Vous souriez, monsieur ? Vous croi-
riez-vous au-dessus du soupçon et de
la honte ? Un journal n'a-t-il pas
annoncé, avec des initiales, votre
prochain mariage avec la fille d'un
de nos plus grands financiers ? Il y
avait aussi l'initiale... Savinel vous
donnera sa fille. Votre contact l'ano-
blira ! Lui, prendra votre maîtresse...
Qu'en eût dit (montrant le portrait,) le duc,
votre père, qui, cependant, n'était pas

rigide, mais qui avait sa grandeur?...
Vous n'avez donc pasde sang pour
demeurer sans courroux? C'est aussi
de la gomme qui coule dans vos
veines?...

SCÈNE XII

LES MÊMES, MICHEL

MICHEL accouru au bruit de la voix lève les mains au
ciel et, lorsqu'elles retombent, prend ce qu'on lui
donne de chaque côté.

GONTARD

Tu me serviras près de ta
maîtresse.

LA FOLATIÈRE

Tu me pousseras.

MICHEL, machinalement.

Deux louis... trois louis... (Subitement
navré, à part.) Qu'est-ce qui tourne
l'esprit de Thérèse Raïa?...

TRÉSEL

Bonsoir, amis. Elle est dans un de
ses moments de rage coutumiers.
(Ils sortent en s'inclinant.)

SAVINEL, le dernier, suivi de Michel.

Au revoir, Trésel... (Significativement.)
Madame, au revoir...

SCÈNE XIII

TRÉSEL, THÉRÈSE

TRÉSEL, il s'assied et joue avec ses doigts.

Etes-vous plus calme?... Vous
avez, d'ailleurs, le temps de retourner
à des jugements plus sérieux. Je
compte partir à la fin de la semaine,
pour aller chasser... en Autriche...

THÉRÈSE

Et vous m'abandonnez?...

TRÉSEL

J'ai eu trop d'amour pour vous,
Thérèse, de passion véritable...

THÉRÈSE

De la passion, vous? En avez-vous
jamais eu?...

TRÉSEL

Soit, pas un incendie... mais une jolie flambée.

THÉRÈSE

Un peu de fumée obscurcissant la conscience.

TRÉSEL

... Enfin, je vous suis trop affectionné, malgré vos billevesées fantasques, pour vous laisser faillir à vos engagements envers votre théâtre et briser, peut-être, cette carrière artistique à laquelle vont toutes vos aspirations... D'ailleurs, vous le comprenez sans peine, une séparation est nécessaire.

THÉRÈSE

C'est absolument résolu ?

TRÉSEL, ennuyé et distrait.

Vous êtes fatigante...

THÉRÈSE

Il s'est diverti... Son amour n'a

été qu'un badinage... (Trésel fait deux pas
pour s'en aller.) Il faut que vous m'écou-
tiez ! Ne tentez pas de sortir... (Elle va
vers le seuil pour empêcher Trésel de s'éloigner, et
apercevant, tout devant ses yeux, une panoplie,
elle y prend, d'un geste imprévu, même par elle, un
poignard.) Je vous cloue à la porte
comme un hibou... (Trésel se rassied, résigné.)
Vous n'êtes pas venu à moi, comme à
une de ces filles vénales et glacées,
dont le cœur est pétri de fange et
dont les baisers profanent la passion.
Sans doute, vous avez espéré que je
deviendrais ainsi, car vous m'avez
conduite dans votre monde... Je vous
y ai suivi, heureuse de sacrifier ma
volonté à la vôtre. J'ai laissé mes
anciens amis, qui ne ridiculisaient
point mes rêves ; j'ai fait ce que vous
m'avez ordonné... Vous m'avez affichée dans les cabarets de nuit ; vous
m'avez traitée comme une fille, me
menant où vont les filles !... J'ai souffert
d'un long écœurement... Mais je me
suis tenu parole à moi-même, n'ayant
plus de tendresse, encore de l'orgueil.

M'étant donnée entière, j'aurais pu aimer un autre homme, je ne vous aurais pas trompé... Vous haussez les épaules ? Sinon, dans votre amour, je vous aurais au moins blessé dans votre vanité... Oui, étant fière, j'ai eu l'air d'être heureuse; j'avais accepté cette vie, j'y resterai... Je frissonne à la pensée de mon immense dégoût... Quatre mois ont suffi ! Je n'ai plus entendu, moi, artiste, que des propos de courses et de jeu, moi, femme, que des saletés... Dans votre existence inutile, vide de bien à accomplir, je n'ai trouvé, dans vos plaisirs à outrance, ni abandons ni consolations. Vous avez étouffé mes ferveurs et mes tendresses. Je n'ai représenté qu'un peu de votre budget... C'est l'amour... Te voilà, parmi les fleurs des trottoirs parisiens, transplantée dans le bitume, *edelveis*, petite fleur blanche, qui ne croît que sur la cîme des montagnes, dans les neiges éternelles !...

TRÉSEL, se levant encore.

Il est tard... Vous feriez bien de rentrer chez vous.

THÉRÈSE

Vous êtes impatient! Je ne vous ferai pas attendre. (Il essaie vainement de la désarmer.) Est-ce qu'un homme comme vous est capable de désarmer sa maîtresse?... (Trésel commence à craindre.) Il s'émeut, enfin, celui qui était toujours impassible!... Ni jeunesse, ni passion!... Vous n'avez pas eu tantôt, même un éclair de colère... Et, à présent, celui qui n'aime que la parure a peur comme une femme!... Vous êtes profondément misérable!...

TRÉSEL, ne sachant plus, voulant lui saisir les mains, pour plus de sûreté, mais comme pour une caresse.

Mon amour!... pardon!... je...

Thérèse, très exaltée, dans un haut-le-corps de souverain mépris, se frappe avec le poignard.

Elle s'affaisse, lentement, Trésel n'ayant pas la force de la soutenir.

SCÈNE XIV

LES MÊMES, MICHEL

MICHEL, revenant.

Il a tué ma pauvre maîtresse!
(Il reste là, stupéfait.)

TRÉSEL

Imbécile! du secours!... Appelle
un médecin. (Michel sort.)

THÉRÈSE

Je meurs... (Crise. Elle a la gorge obstruée
par le sang.)... de dégoût...

TRÉSEL, couchant sa maîtresse à terre, et se parlant à
lui-même, l'air très ennuyé.

Il n'y a que moi pour avoir de
ces déveines...

SCÈNE XV

THÉRÈSE, TRÉSEL, PRINCE ODEROFF, RHODEL

RHODEL, gravissant le perron.

Nous arriverons peut-être à temps.

Sa lettre était navrante. (Entrant, il aperçoit
Thérèse et s'élance auprès d'elle.) M'entends-tu?
Je suis là!... Je viens te sauver!...
(Relevant la tête, il aperçoit Trésel face à face. Mou-
vement d'horreur.) C'est vous qui l'avez
tuée!... (Trésel hausse les épaules.)

ODEROFF, qui, en attendant, faisait office de docteur.

Son cœur a cessé de battre.

SCÈNE XVI

THÉRÈSE, PRINCE ODEROFF, TRÉSEL, RHODEL, MICHEL

Michel entre, en ce moment, par la porte de gauche;
devant la morte, il s'agenouille, loin, presque sur
le seuil.

TRÉSEL, s'en allant.

Que fait là cet animal?

MICHEL

Son devoir de chien.

ODEROFF, étendant le bras vers Trésel.

Ils sont comme cela dix mille qui,
par les avantages de leur naissance

ou de leur fortune, devraient être
l'élite d'une génération... Quand un
pays se corrompt, il sent d'abord par
la tête.

FIN

TABLE DES MATIÉRES

IL A ÉTÉ TIRÉ SUR JAPON IMPÉRIAL

25 Exemplaires

numérotés et signés par l'auteur

PARIS

IMPRIMERIE CHAIX

(Succursale CHERET)

18, Rue Brunel, 18

Imprimerie CHAIX (Succursale Chéret), 18, rue Brunel, Paris.